KB213208

제주도여행일지

제주도여행일지

초판 1쇄 발행 2016년 9월 10일

책임편집 김선주
펴낸이 홍기원

총괄 홍종화
편집주간 박호원
편집 · 디자인 오경희 · 조정화 · 오성현 · 신나래 · 이상재 · 남지원
관리 박정대 · 최기엽

펴낸곳 민속원
출판등록 제18-1호
주소 서울시 마포구 토정로 25길 41(대흥동 337-25)
전화 02) 804-3320, 805-3320, 806-3320(代)
팩스 02) 802-3346
이메일 minsok1@chollian.net, minsokwon@naver.com
홈페이지 www.minsokwon.com

ISBN 978-89-285-0922-5 94900
S E T 978-89-285-0225-7

이 도서의 국립중앙도서관 출판시도서목록(CIP)은 서지정보유통지원시스템 홈페이지(http://seoji.nl.go.kr)와 가자료공동목록시스템(http://www.nl.go.kr/kolisnet)에서 이용하실 수 있습니다.(CIP제어번호: 2016020158)

하버드옌칭도서관학술총서 12집 哈佛燕京圖書館學術叢書 12集 Harvard-Yenching Library Studies, No. 12

제주도 여행일지

濟州嶋旅行日誌

Travelogue from Cheju Island (Cheju-do yŏhaeng ilchi)

책임편집 김 선 주
Edited by Kim, Sun Joo

민속원

책머리에

2012년 『숙천제아도』의 연구논문을 포함한 영인본을 출판한 후, 바로 다음 프로젝트로서 이 책 『제주도여행일지』의 연구 및 영인본 출판을 계획하였는데, 3년 이상의 준비 기간을 거쳐 이 책을 펴내게 되었다. 이 책은 이미 허경진교수가 그의 저서 『하버드대학 옌칭도서관의 한국고서들』(웅진북스, 2003)이라는 책에서 간단히 소개한 바 있고, 그후 허경진교수와 문순희교수가 공동 연구 논문 「일본인의 제주도 버섯재배를 그림으로 기록한 제주도여행일지」를 2010년 『동아인문학』 17 호에 발표하여 이 책에 대한 이해를 더욱 높인 바 있다. 이 논문은 수정과 보완을 거쳐 이 책에 수록되었다. 두 학자는 이 책의 일본어 원문을 워드파일로 옮기고 또 한글 초벌 번역을 수행하였다. 두 분께 감사드린다. 두 분의 탈초본을 저본으로 하버드-옌칭도서관 일본관 관장인 쿠니코 야마다 멕베이マクヴェイ山田久仁子씨와 편자가 함께 탈초본과 한글 번역을 수정하고 영문 번역과 주석을 달았다. 우리는 2013년 가을부터 정기적으로 만나 이 번역과 연구를 수행했는데, 이 책과 관련된 새로운 정보를 발견하고 이해할 때마다 얼마나 많은 희열을 같이 나누었는지. 멕베이씨는 또한 편자가 이 책에 수록된 논문 「A Mushroom Talk: From Natural Delicacy to Colonial Object」를 저술할 때, 일본의 표고버섯 재배 역사에 관한 연구 조사를 맡아 해주었고, 또 본인이 쓴 초고를 논문에 포함하는 것을 허락해 주었다. 도서관 일이 바쁜 가운데서도 여러해 동안 이 책의 완성도를 높이는데 기여해 준 멕베이씨에게 깊은 감사를 드린다.

일본에서 활동하고 있는 두 분의 학자, 즉 토호쿠가쿠인대학東北学院大学의 마츠타니 모토카즈松谷基和교수와 츠

Acknowledgments

The plan to publish a reprint edition of this book, *Travelogue from Cheju Island* (J. *Saishūtō ryokō nisshi*; K. *Cheju-do yŏhaeng ilchi*), began right after publication of the reprint edition of *Illustration of My Places of Work* (*Sukch'ŏn chea to*) in 2012. After more than three years of preparation, this project is finally completed. Professor Hur Kyoung Jin had earlier introduced this book to the public in his *Rare Books at the Harvard-Yenching Library* (*Habŏdŭ taehak Yench'ing tosŏgwan ŭi Han'guk kosŏdŭl*), (Ungjin puksŭ, 2003). Professors Hur Kyoung Jin and Moon Soon-Hee then enhanced our understanding of this *Travelogue* in their collaborative work "Ilbonin ŭi Cheju-do pŏsŏt chaebae rŭl kŭrim ŭro kirokhan Cheju-do yŏhaeng ilchi" (A Study of an Illustrated Journal of Japanese Mushroom Farming on Cheju Island), published in *Tonga inmunhak* 17 in 2010. A revised version of their essay is included in the present volume. These two scholars also transcribed the original journal entries in the *Travelogue* and translated them into Korean. I would like to thank them for their contributions. Ms. Kuniko Yamada McVey, Librarian for the Japanese Collection at the Harvard-Yenching Library, and I revised the transcription and Korean translation, translated the *Travelogue* into English, and annotated the book. We met regularly from the fall of 2013 for this work, and shared many happy moments of new discovery and understanding of the contents of the *Travelogue*. Kuniko also carried out research on the history of the cultivation of shiitake mushrooms in Japan and wrote a summary of it. She generously permitted me to incorporate this material into the essay "A Mushroom Talk: From Natural

다쥬쿠대학津田塾大学의 오카모토 마키코岡本真希子교수는 이 책의 작성 연대를 추정하는데 많은 도움을 주셨다. 하버드대학의 대학원생 차이 웬자오蔡文娇씨는 왕젠王祯의 『농서農書』를 추적하는 것을 도와주었고 김성희씨는 한글 교정과 지도 작성을 도와주었다. 큐슈대학의 나카노 히토시中野等교수, 교토대학의 타니가와 유카타谷川穣교수, 그리고 후미코 크렌스턴Fumiko Cranston 여사는 이 책에 나오는 제주도의 꽃그림에 붙어있는 텍스트를 읽는 것을 도와주셨다. 이 꽃은 책상머리에서 몇달에 걸친 인터넷 서치와 고민 끝에 세인트 존스워트St. John's Wort의 일종인 물레나물로 추정하였다. 최근에 한국 산천의 모든 식물에 관한 해박한 지식을 자랑하는 어머니께 이 그림을 보여드릴 기회가 있었는데, 바로 "물레나물이네"라는 경쾌한 답을 주셨을 때 탁상연구자의 한계를 뼈저리게 느꼈다.

프로젝트를 진행하는 동안 제주도를 답사해야겠다고 몇 번이나 별렀지만 원고를 "완성"했다고 생각하고 출판사에 넘긴 후, 2015년 4월에서야 비로소 방문할 기회가 생겼다. 짧은 방문 기간 책에 언급된 몇몇 장소들을 답사했고, 이 책의 저자가 다녀간 영실탐방로로 짙은 안개를 뚫고 한라산 등반을 시도하여 오백장군암과 병풍바위까지 가보기도 하였다. 민속촌에 방문하여 전시물을 통하여 농기구 등 집안에서 쓰는 도구들에 대한 이해도 좀 더 높일 수 있었다. 제주도에는 현재 10여군데의 표고버섯 재배장이 있다고 하는데, 제주도 본토민인 택시기사의 도움으로 통나무 표고버섯 비닐하우스 재배장을 발견하여 관찰할 기회도 있었다. 그러나 제주도 방문 계획으로 인해 얻은 가장 큰 수확은 일본인들이 만든 세 곳의 표고버섯재배장의 위치를 대략 확인할 수 있었고 그 외 몇몇 지명도 확실히 알게 된 것이다. 이것은 오로지 제주국제대학의 제주도 지명 전문가이신 오창명 교수께서 흔쾌히 도와주신 덕분이다. 진심으로 감사드린다. 또 오창명 교수를 소개해 주시고 이 프로젝트에 지대한 관심을 보여주신 김성례교수께도 감사드린다. 답사를 통해 얻은 새롭고 즐거운 발견들로 인해 끝냈다고 생각한 원고를 수정하지 않을 수 없었지만, 이 책은 좀 더 높은 완성도를 갖게 되었다고 자부할 수 있게 되었다.

하버드-옌칭도서관의 한국관 관장 강미경선생은 처음부터 전적으로 이 프로젝트를 응원해주었고 제임스 정

Delicacy to Colonial Object," included in this book. My sincere gratitude goes to Kuniko, who worked with me for several years despite being busy with her own job, and made a crucial contribution to the completion of this work.

Two Japanese scholars, Makiko Okamoto at Tsuda College in Tokyo and Motokazu Matsutani at Tohoku Gakuin University, helped me figure out the year this travelogue was produced. My graduate student Wenjiao Cai also contributed her assistance to my research on Wang Zhen's *Agricultural Manual* (*Nong shu*) and Sunghee Kim proofread the manuscript. Professor Hitoshi Nakano of Kyushu University, Professor Yutaka Tanigawa of Kyoto University, and Mrs. Fumiko E. Cranston helped us decipher the journal entry about the flower that is included in the *Travelogue*. After months of online and offline research, Kuniko and I had come to the conclusion that the flower illustrated in the book is a variety of St. John's Wort. Recently I had a chance to show the illustration to my mother, who boasts a broad and deep knowledge of the native plants of Korea. When she immediately identified the flower as Giant St. John's Wort (Mulle namul), I could not but realize my limitations as an armchair researcher.

While carrying out this project, I thought of visiting Cheju Island many times, but the opportunity came only in April 2015, after I had already sent the "completed" manuscript to the publisher. During a short visit, I was able to go to a few places illustrated in the book, and climbed Halla Mountain through heavy fog via Yŏngsil Hiking Trail, following in the footsteps of the author-illustrator of the *Travelogue* and coming close to Five Hundred Generals Rocks (Obaek changgun am) and Folding Screen Rocks (Pyŏngp'ungam). I also stopped by Cheju Folk Village, where I was able to deepen my understanding of various household items and agricultural tools that were displayed there. There are currently a dozen or so shiitake mushroom farms on Cheju. A taxi driver, a native Cheju islander, helped me visit one such greenhouse farm, where rows of logs infused with shiitake spores were hibernating. Most significantly, however, I was able to identify the locations

관장께서도 깊은 관심을 보여주셨다. 여러분께 고개 숙여 감사의 마음을 전한다. 『숙천제아도』에 이어 민속원에서 이 책의 출판을 맡아주셨는데, 홍종화 사장을 비롯한 모든 분께 감사를 드린다. 이 책은 편자의 전문 연구 영역을 벗어나는 분야와 시기이지만, 연구를 수행하면서 우리가 늘 접하는 버섯 하나로 인해 많은 것을 찾아보고 배우게 되었고, 또 그것을 통해 새로운 발견을 하는 것에 대한 기쁨을 누릴 수 있었다. 독자들이 이 책을 통해 비슷한 경험을 할 수 있다면 더 바랄 것이 없겠다.

김 선 주

Harvard-Yenching Professor of Korean History, 하버드대학교

of some places mentioned in the book, the plantation sites in particular. This was possible only because of the very kind assistance of Professor O Ch'ang-myŏng at Jeju International University, an expert in the traditional place names of Cheju Island. I am truly grateful for his intellectual generosity. I would also like to thank Professor Kim Seong-nae at Sogang University, who introduced Professor O to me and showed genuine interest in the project. All these happy new discoveries naturally made me revise my "completed" manuscript, but I am certain that I now have a much better informed book.

Mikyung Kang, Librarian for the Korea Collection at the Harvard-Yenching Library, encouraged and assisted me in many ways from the inception of the project. James K. M. Cheng, Librarian of the Harvard-Yenching Library, has been a warm supporter of mine throughout the years. I would like to thank them all from the bottom of my heart. As with the publication of *Illustration of My Places of Work*, Minsokwon took charge of the publishing process, for which I would like to thank its president, Hong Chonghwa, and his staff. The subject and time period of this book are outside my area of training. Nonetheless, while carrying out research and writing for this book, I had the privilege of realizing that one small mushroom had led me to explore and learn many unexpected things, and to become absorbed in the joy of research. I truly hope that readers will have a similar experience as they travel through this book.

Kim, Sun Joo

Harvard-Yenching Professor of Korean History, Harvard University

차례
Contents

濟州嶋旅行日誌

『제주도여행일지』 원문 탈초와 번역

『濟州嶋旅行日誌』翻刻及び翻訳

Travelogue from Cheju Island :
Transcription and Annotated Translations

김선주 · 쿠니코 야마다 멕베이
金善珠 · マクヴェイ山田久仁子
Kim, Sun Joo and Kuniko Yamada McVey

濟州嶋旅行日誌 第一卷

제주도여행일지 제1권

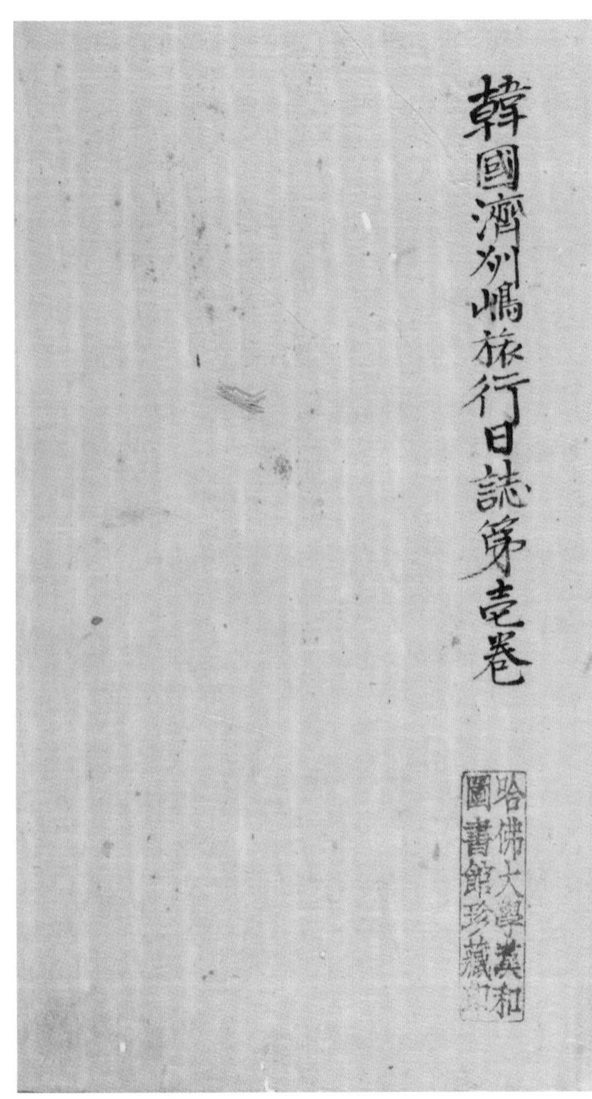
韓國濟州嶋旅行日誌第壹卷
哈佛大學漢和圖書館珍藏印

韓国濟州嶋旅行日誌 第壱巻 | 한국제주도여행일지 제1권

Travelogue from Cheju Island, Korea, Vol. 1

속 표지의 韓国은 대한제국의 줄인말이고 이 한국이라는 국호는 1897년에서 1910년 사이의 일본의 공식 문건에서만 보인다. 일본은 일제시기에는 한국을 보통 朝鮮이라고 불렀고 해방이후는 남한만을 한국이라고 칭했다.*

韓国 (Han'guk in Korean; Kankoku in Japanese) in the half title is an abbreviation for Taehan cheguk 大韓帝國 (Great Han Empire, 1897~1910), and it seems that this particular name for Korea appears on official Japanese documents only during the 1897~1910 period. During the colonial period (1910~1945), Korea was referred to as "Chōsen" 朝鮮. Kankoku/Han'guk is reserved for South Korea during the post-war period.*

* 이것은 토호쿠가쿠인대학(東北学院大学)의 한국사학자 마츠타니 모토카즈(松谷基和)교수의 의견을 따른 것으로 마츠타니교수에게 감사드린다.
Motokazu Matsutani, a historian of Korea at Tohoku Gakuin University, provided this opinion, and we would like to thank him.

五月十日雨
外神田甲武揚
花屋

五月十日　雨 | 5월 10일 비

外神田甲武場花屋

소토칸다 코부죠 하나야

May 10, rain

Hanaya Restaurant in Kōbujō in Sotokanda

코부죠(甲武場)는 소토칸다 유흥가 지역에 위치한 군사연습장인 講武場을 일컫는 듯하다.* 소토칸다의 코부죠는 칸다묘진 근처의 구시가지를 말하는데 현 도쿄의 치요다구(千代田區)의 북동부에 위치한 지역이다.

甲武場 (Kōbujō) may well be 講武場 (Kōbujō), the official military training ground that was surrounded by an entertainment district in Sotokanda at this time.* Kōbujō in Sotokanda (outer Kanda) was an old district near Kanda Myojin Shrine (神田明神) in today's Chiyoda ward (千代田区) in Tokyo.

* 일본근현대사, 특히 도쿄에 관한 많은 책을 저술한 모리 마유미(森まゆみ)씨의 의견을 따랐다.
Mayumi Mori, an author of books on modern Japanese history, especially on Tokyo neighborhoods, suggested this.

三月十四日午后十時
新橋出発

五月十四日　后十時 | 5월 14일 밤10시

新橋出発

신바시[역] 출발

May 14, 10 p.m.

Departing from Shinbashi Station

신바시역은 도쿄에 생긴 첫 기차역으로 1872년 10월 10일에 문을 열었다. 신바시역에서 부산연락선이 출발하는 시모노세키에 이르는 기차 노선은 1901년 5월부터 운행이 시작되었다. 1904년의 기차운행시간표에 의하면 신바시에서 시모노세키까지는 50시간 정도 걸렸던 것으로 보인다.*

Shinbashi Station, the first train station built in Tokyo, Japan, opened on October 10, 1872. The railway from Shinbashi was extended to Shimonoseki, where the ferry boat to Pusan departed, beginning in May 1901. It took 50 hours from Shinbashi to Shimonoseki, based on the 1904 train schedule.*

* 기차운행시간표는 다음 웹사이트를 참조: http://www7a.biglobe.ne.jp/~kure_chin/data/timetable/timetable_m3705.html (2015년 6월 1일 접속)
The train schedule is here: http://www7a.biglobe.ne.jp/~kure_chin/data/timetable/timetable_m3705.html (accessed on June 1, 2015).

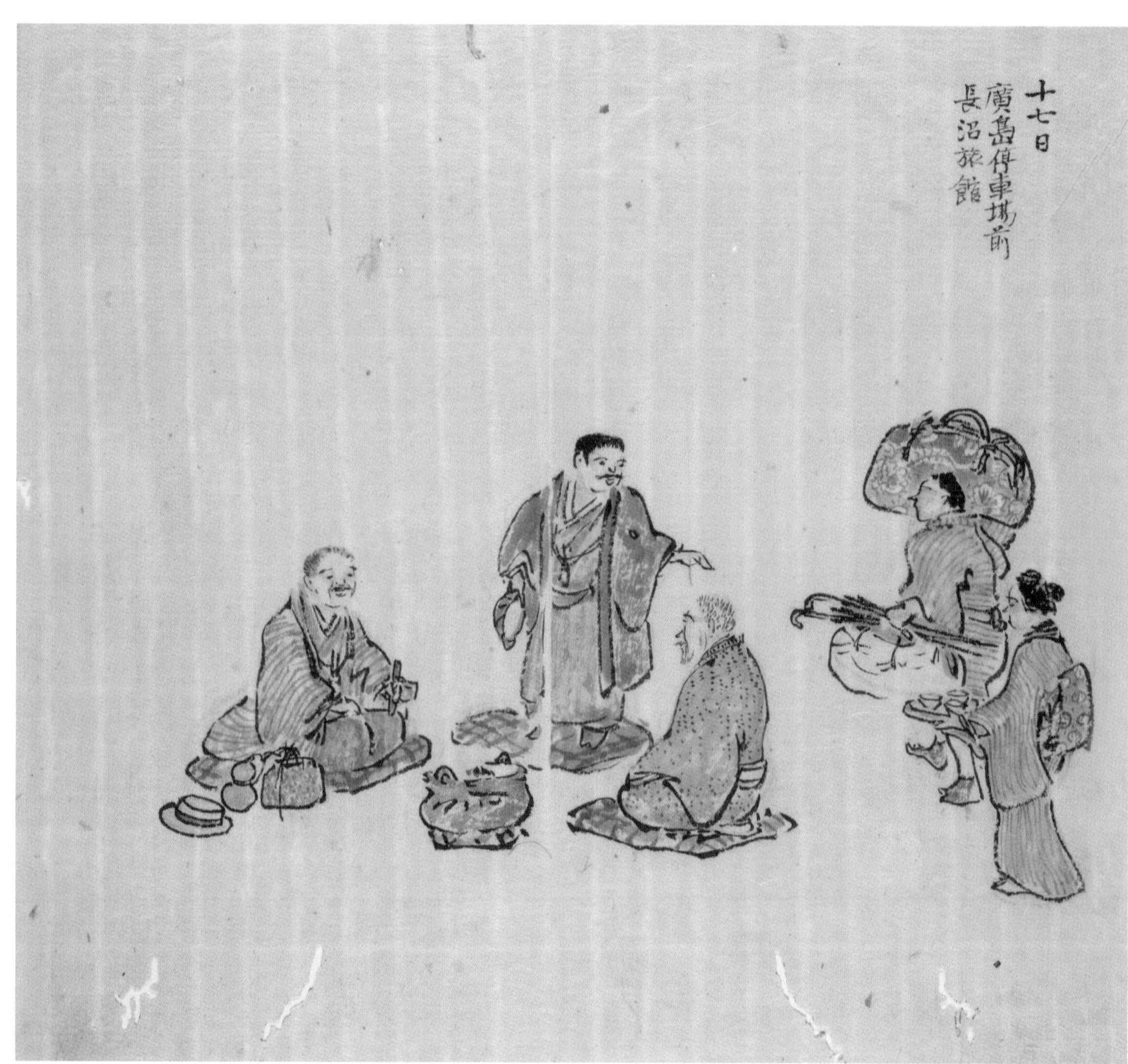
十七日
廣島停車場前
長沼旅館

十七日 | [5월] 17일

廣島停留場前 長沼旅館

히로시마정류장앞 나가누마여관

[May] 17

Naganuma Inn in front of Hiroshima Station

나가누마여관은 1886년경에 히로시마의 사업가인 나가누마 사기조(長沼鷺蔵, 1844~1934)에 의해 히로시마에 문을 열었다. 청일전쟁(1894~1895) 당시 고위 군지휘관들이 이곳에 머물렀다고 한다. 나가누마는 전기와 철도 등으로 사업을 확장하여 사업가로서 명성을 누렸다.*

Naganuma Inn was opened around 1886 in Hiroshima City by the local businessman Sagizō Naganuma (1844~1934). The inn hosted top military leaders during the Sino-Japanese War (1894~1895). Naganuma successfully expanded his business in electric power supply and railways during his prominent career.*

* 田辺良平, 『広島を元気にした男たち』(広島市: 渓水社, 2007), 185~199.
Tanabe Ryōhei, *Hiroshima o genki ni shita otoko tachi* [Men Who Made Hiroshima Thrive] (Hiroshima: Keisuisha, 2007), 185~199.

十八日晴
嚴島神社参拝

十八日　晴 | [5월] 18일 맑음

嚴島神社 参拜

이츠쿠시마신사 참배

[May] 18, sunny

Paying homage to Itsukushima Shrine

이츠쿠시마신사는 히로시마 근처 미야지마(宮島)섬에 있는 신사인데 물 위에 떠있는 듯이 보이는 기둥문으로 유명하다. 일본의 고대 신화에는 스사노오노미코토(須佐之男命) 라는 바다와 폭풍의 신이 등장하는데 6세기에 창건된 이 신사는 그의 세 딸들을 위해 지은 것이다. 스사노오노미코토는 태양의 여신 아마테라스(天照大神)의 남동생이기도 하다. 미야지마섬은 일본에서 오랫동안 성스러운 곳으로 여겨져 왔으며, 실제로 풍광이 좋은 곳 중의 하나이기도 하다. 이곳에 위치한 이츠쿠시마신사는 일본에서 가장 인기있는 관광지로서 1996년 12월에 유네스코 세계유산으로 지정되었다.* 저자 일행은 이 신사에서 안전한 항해를 기원했을 것이다.

Itsukushima Shrine is a Shinto shrine on Miyajima Island near Hiroshima, best known for its "floating" torii gate. Originally built in the sixth century, the shrine is dedicated to the three daughters of Susano-o no Mikoto, the Shinto god of seas and storms and brother of the sun goddess Amaterasu. The entire island has long been regarded as sacred. The shrine is one of the most popular tourist sites in Japan. It has been a UNESCO World Heritage Site since December 1996, and Miyajima is considered one of Japan's best views.* The author-illustrator and his companions may have prayed for a safe sea journey at this shrine.

* 출처: http://whc.unesco.org/en/list/776 (2015년 6월 1일 접속)
See http://whc.unesco.org/en/list/776 (accessed on June 1, 2015).

紅葉谷岩惣
旅館食事

紅葉谷岩惣旅館食事 | 모미지다니 이와소여관에서 식사

A meal at Iwasō Inn in Momijidani

이와소여관은 1854년에 세워졌으며 아직도 영업을 하고 있다. 미야지마섬의 모미지다니공원 안에 있다.*

Iwasō Inn was established in 1854 and is still in business. It is located in Momijidani Park on Miyajima Island.*

* 이와소여관에 대하여는 다음 웹사이트 참조: http://www.iwaso.com/english/ (2015년 6월 1일 접속)
For more information on Iwasō Inn, see its homepage: http://www.iwaso.com/english/ (accessed on June 1, 2015).

十八日后九時
下の関停車場
釜山連絡船
乘場茶店

十八日　后九時 | [5월] 18일 밤 9시

下の関停留場 釜山連絡船 乗場茶店
시모노세키 정류장 부산연락선 승차장 찻집

[May] 18, 9 p.m.

Tea house at the Pusan Ferryboat Terminal, Shimonoseki Station

이 날은 18일로 기록되어 있지만 일행이 하루에 미야지마섬에서 신사를 구경하고 이와소여관에서 식사를 한 다음 시모노세키역으로 이동하기는 거의 불가능하였을 것이다. 아마도 19일을 잘못 기록한 것으로 보인다. 1904년 기차운행시간표에 의하면 히로시마에서 시모노세키까지는 9시간반이 걸리고, 기차는 새벽 1시 55분과 오후 1시 55분 두 번 출발하였다.* 시모노세키와 부산을 잇는 부관연락선은 1905년 9월 11일부터 취항하였다.

The date for this entry is recorded as the eighteenth. However, it would have been difficult for the group to tour the shrine, have a meal at Iwasō Inn on Miyajima Island, and also travel to Shimonoseki Station all on the same day. Thus this may be a scribal error for the next day, May 19. It took 9.5 hours to travel from Hiroshima to Shimonoseki based on the 1904 train schedule, which had two departures from Hiroshima: 1:55 and 13:55.* The Pusan-Shimonoseki ferry services began on September 11, 1905.

* 출처: http://www7a.biglobe.ne.jp/~kure_chin/data/timetable/timetable_m3705.html (2015년 6월 1일 접속)
See http://www7a.biglobe.ne.jp/~kure_chin/data/timetable/timetable_m3705.html (accessed on June 1, 2015)

連絡滊船
會下山丸
船中

連絡瀛船 會下山丸 船中 | 연락선 에게산호 배안에서

On the ferryboat *Egesan-maru*, a steam boat

민간 소유 선박인 에게산호(會下山丸)는 원래 하코다테-아오모리 노선에 사용되었다. 부관(釜関 부산-시모노세키)노선의 중요성이 높아지면서 일본 정부는 이 노선을 국유화 했는데 이 노선에 대한 수요가 계속해서 늘어나자 민간 소유 선박까지 부관연락선으로 사용하기에 이른다. 에게산호는 그런 "용선(傭船)"의 하나로 1907년 8월 10일 비로소 부관연락선으로 취항하였다.*

처음부터 지금까지 일곱장의 그림에는 계속 같은 사람으로 보이는 세명의 일본인이 등장하는데, 그 중 한 사람은 숱이 많은 검은 머리와 콧수염, 다른 한 사람은 성긴 머리와 콧수염, 또 다른 사람은 좀 더 늙어보이는 인물로 성긴 머리와 콧수염, 그리고 턱수염이 특징이다. 이 중 한 사람이 이 책을 기록한 저자로 추정된다.

The privately owned boat *Egesan-maru* (or *Yekesan-maru* in old pronunciation) was first introduced on the Hakodate-Aomori line. Then, after the Pusan-Shimonoseki line became very important and was therefore nationalized (government-owned), the Japanese government needed to hire private boats for that line to meet the increasing demand. The *Egesan-maru* was one of these "chartered boats" (傭船) and was first hired on August 10, 1907 for the Pusan-Shimonoseki line.*

These first seven drawings consistently feature three Japanese men—one with thick black hair and mustache, one with wispy short hair and mustache, and an older-looking man with wispy short hair, a mustache, and a beard. We assume that one of them is the author and illustrator of this *Travelogue*.

* 출처: http://nekonote.jp/korea/old/tr/ship/yosen.html and http://nekonote.jp/korea/old/ren-data.html (2015년 6월 1일 접속). 일본정치사와 식민지 시기 관료제 전문가인 츠다쥬쿠대학(津田塾大学)의 오카모토 마키코(岡本真希子)교수가 이 정보를 제공해 주었다. 오카모토 교수께 감사드린다. 전전(前戰) 홋카이도 하코다테(北海道 函館)의 기선으로서의 에게산호의 모습을 다음 웹사이트에서 볼 수 있다: http://archives.c.fun.ac.jp/fronts/detail/postcards/4f0ac4edea8e8a0b700000d2 (2015년 6월 1일 접속)
See http://nekonote.jp/korea/old/tr/ship/yosen.html and http://nekonote.jp/korea/old/ren-data.html (accessed on June 1, 2015). Makiko Okamoto, a specialist in Japanese political history and colonial bureaucracy teaching at Tsuda Women's University in Tokyo, provided this information, and we would like to offer our thanks to her. As a ferryboat from Hakodate, Hokkaido during the pre-war period, the *Yekesan-maru* is featured on the following website: http://archives.c.fun.ac.jp/fronts/detail/postcards/4f0ac4edea8e8a0b700000d2 (accessed on June 1, 2015).

連絡船釜山棧橋之雜踏

連絡船釜山棧橋之雜踏 | 인파로 붐비는 부산연락선 부두(부산잔교)

Crowd at the Pusan Ferryboat Terminal

草梁停車場附近

草梁停車場附近 | 초량정거장 부근

Near Ch'oryang Station

경부선 초량역은 현재는 사라진 역으로 현 부산역 근처에 있었다. 앞 장의 부산잔교와 초량역은 서로 가까운 곳, 즉 현 부산항 국제여객 터미널과 부산역 부근에 함께 위치해 있어서 부두에서 역까지는 도보로 쉽게 갈 수 있었다. 조선후기 왜관이 있던 곳도 초량인데, 이 초량은 현 부산역에서 2~3km 서남쪽에 위치해 있었다. 지금은 그곳에 용두산공원이 있다. 경부선은 1904년 12월에 완성되었고 1905년 운행이 시작되었다.

이 그림은 초량역 부근에서 남녀가 물건을 사고 파는 모습을 그렸는데, 남자들이 지게를 이용하여 물건을 나르고 여자들은 바닥에 앉아 바구니에 해산물로 보이는 물건을 파는 모습이 담겨져 있다.

Ch'oryang Station refers to the train station in Pusan, which must have been in the area where the current Pusan Station is located. The Pusan Ferryboat Terminal mentioned on the previous page and Ch'oryang Station were in the same area, where the current Pusan Port International Passenger Terminal and Pusan Station are located, all within walking distance of one another. Ch'oryang was also known during the late Chosŏn period as the location of Japan House (Waegwan), where Japanese visitors stayed. This Ch'oryang was located in the current Yongdusan Park area, a mile or two southwest of Pusan Station. The Seoul-Pusan railway was completed in December 1904 and opened for operation in 1905.

The drawing features men and women carrying and selling commodities. Men carry items on A-frame pack frames, while women sit on the ground and sell seafood-like items displayed in baskets.

其二

其二 | 기2

Scene 2

초량정거장 부근에서 사람들이 오고 가는 모습을 그렸다. 앞 그림과 마찬가지로 남자들은 하나같이 담뱃대를 들고 있다.

This drawing also features men and women coming and going in the vicinity of Ch'oryng Station. As portrayed in the first scene, all men are hoding a tobacco pipe.

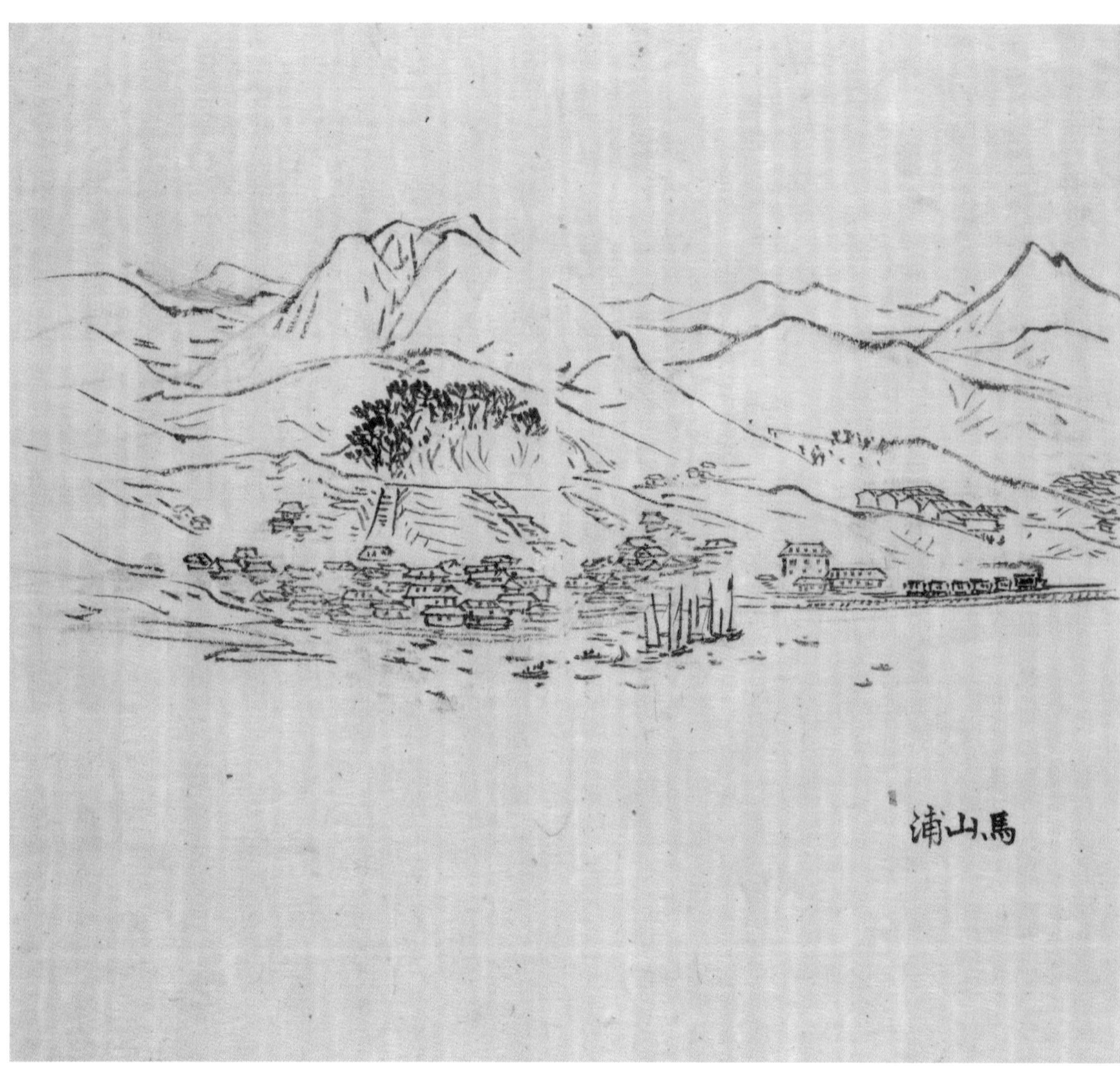
馬山浦

馬山浦 | 마산포

Masan Port

이 그림은 저자가 배 위에서 마산포를 바라보며 그린 것으로 보인다. 저자와 그 일행은 아마 부산에서 목포까지 배로 이동하였을 것 같은데, 마산포의 풍경에 기차가 달리는 모습을 더한 것이 인상적이다. 마산역은 1905년 4월에 문을 열었고 마산과 부산을 잇는 노선은 1905년 5월에 운행이 시작되었다.*

Here it appears that the author is on a boat and is looking at Masan Port from the sea. He and his group most likely traveled from Pusan to Mokp'o by ship. It is eye-catching that the author has added a train in the drawing along with the usual scenery. The Pusan-Masan railroad was built between 1904 and 1905, and train service began in May 1905.*

* 허정도의 마산도시변천사 블로그 참조: http://www.u-story.kr/200 (2015년 5월 20일 접속)
See Hŏ Chŏng-do's blog on a history of Masan: http://www.u-story.kr/200 (accessed on May 20, 2015)

珍島

珍嶋 | 진도

Chin Island

역시 저자가 배에서 진도를 지나가며 본 장면을 그린 것이다.

The author seems to have painted this scene from the boat as well.

木浦送
物賣

木浦湊 物賣 | 목포항 행상

Street vendors at the Port of Mokp'o

이 그림은 여러 행상뿐만 아니라 그들이 상품을 가지고 다니는 방법을 상세히 그렸다. 오른쪽에 두개의 직사각형 통을 메고가는 남자는 물지게꾼인데 그는 등에 자신이 물지게꾼임을 알리는 "[汲]水夫"*라는 표식을 달고 다녔다. 왜 굳이 물지게꾼임을 알렸을까? 물에 먼지 같은 더러운 것이 들어가는 것을 방지하기 위해 가까이 오지 말라고 주의를 주고 싶었을까? 물지게꾼 왼쪽에 있는 소년은 엿을 팔고 있다. 지게를 지고 가는 사람이 셋이 있는데, 그들은 지게에 해산물과 야채를 가득 담았다. 그림 가운데, 어깨에 멘 긴 장대 끝에 두 켜의 상자같은 것을 지고가는 사람은 아마 두부장사인 듯한데 그가 걸음을 뗄 때마다 한쪽 끝에 매단 종이 딸랑딸랑 소리를 냈을 것이다.

This drawing depicts not only various vendors but different ways to carry goods for sale. On the right side of the drawing, the man carrying two deep rectangular containers is a water carrier—a rectangular label on his back says "[汲]水夫" (water carrier).* Why is he broadcasting his job as a water carrier? Perhaps it was to keep the water clean by warning people not to come too close to him. To his left is a younger vendor who is hawking taffy. Three men carry A-frame pack frames on their backs that hold large conical baskets full of fish and vegetables. The vendor in the middle, carrying two square bundles (probably of tofu) on a pole across his shoulders, has a small bell dangling from one side of the shoulder bar, which would jingle as he walked around.

* 다음 웹사이트에서 1918년에 찍은 물지게꾼 사진을 볼 수 있다: http://digital.lafayette.edu/collections/eastasia/imperial-postcards/ip1389 (2015년 6월 3일 접속)
For a photographic image of a water carrier from about 1918, see: http://digital.lafayette.edu/collections/eastasia/imperial-postcards/ip1389 (accessed on June 3, 2015)

木浦の雨中

木浦の雨中 | 빗속의 목포

Mokp’o in the rain

비오는 날 우산을 들고 나막신을 신고 길에 나선 남자들의 모습이다. 왼쪽의 소년은 우산을 들었지만 바지를 걷어올리고 맨발로 빗길을 철벙거리며 즐거워하는 모습이다.

Men are on the street on a rainy day, holding umbrellas and wearing clogs. The boy on the left, who is holding an umbrella tightly with two hands, looks like enjoying walking in the rain bare feet with his trousers rolled up.

木浦港

木浦湊 | 목포항

Port of Mokp'o

배에서 바라본 목포항의 모습이다. 목포의 대표적인 명소이며 영산인 유달산과 1897년 개항 이후 도시화의 진전과 함께 산기슭에까지 가득 찬 집들을 그렸다.

This is a scene of Mokp'o from the boat. Yudal Mountain, one of the most scenic places and a sacred mountain in Mokp'o, is prominently featured along with many houses filling hillside as a result of urbanization after Mokp'o was open for foreign trade in 1897.

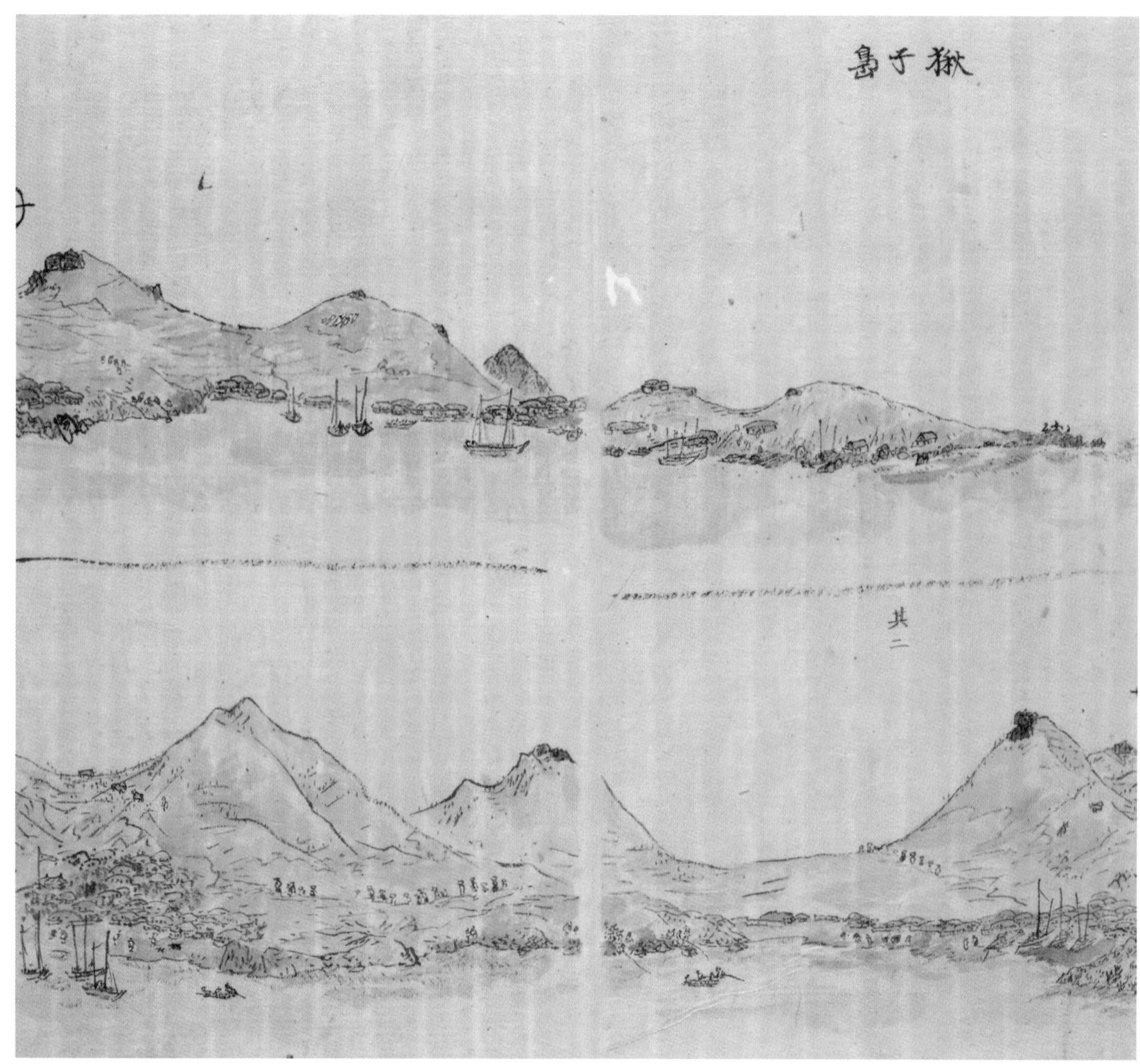
楸子島
其二

揪子嶋 | 추자도

Ch'uja Island

其二 | 기2

Scene 2

저자는 목포에서 다시 배를 타고 제주도로 향했을 터인데 추자도는 목포와 제주도 사이에 있는 섬이다. 저자는 추자도가 아름답다고 생각했는지 두 개의 채색 풍경화를 남겼다.

The author apparently took a boat from the Port of Mokp'o to Cheju Island. Ch'uja Island is in between the two places. He must have thought the island extraordinarily beautiful, for he made two drawings with fresh colors.

濟州島濟州府
城內人家建築
之所見
物置
婦人部屋
廣間
座敷
炊事場
入口

濟州嶋濟州府 城內人家建築之所見 | 제주도 제주부 성 안의 민가 건축에 대한 소견

[建物見取り図右上から時計回りに] 物置、温床、座敷、廣間、入口、婦人部屋、炊事場

[건물 도면 오른쪽 위에서부터 시계방향으로] 곳간, 온돌, 객실, 거실, 입구, 부인방, 부엌

Cheju Special County (Cheju Pu) on Cheju Island, observation of the structure and layout of a home in the county seat

[Layout of a house: from top right, clockwise] Storage, heated floor, main room, living room, entrance, women's quarter, and kitchen

제주도는 한국에서 가장 큰 섬으로 조선왕조시기(1392~1910)에는 전라도에 속하였다. 제주도의 북부에는 제주목을 두고 정3품의 목사가 다스렸는데 제주도 남부의 두 현도 그의 관할하에 있었다. 1895년 전국이 23부로 나뉘어졌을 때 제주도는 제주부가 되었으나 1896년 제주목으로 환원되었다. 1906년 제주도는 제주군이 되었다.* 이 책의 저자는 제주도를 "제주부"라고 칭했는데 그가 제주도의 행정개편에 대한 정확한 이해가 있었다면 이책은 제주도가 제주부로 불리었던 1895년에서 1896년 사이에 저술되었을 것으로 추정할 수 있다. 그러나 이 책에 실린 논문 「버섯 이야기」에서 밝혀진 바와 같이 저자는 1909년 제주도를 여행한 것이 확실하므로 저자는 제주도의 행정상의 위치에 대한 정확한 이해가 없었던 것 같다.
저자의 날카로운 관찰력은 이 그림에서도 잘 나타난다. 제주도 가옥의 평면도 및 목조구조와 함께 돌을 이용하여 벽을 만들고 거센 바다바람에 지붕이 날아가지 않도록 초가 지붕을 단단히 고정시킨 것까지 자세히 그렸다.

Cheju Island is the biggest island of Korea. During most of the Chosŏn dynasty (1392~1910), it was under the jurisdiction of Chŏlla Province. The northern part of the island was designated a Mok, ruled by a magistrate of the senior third rank (Moksa) who also supervised two lower-rank magistrates who were in charge of the southern part of Cheju Island. In 1895, the country was divided into 23 Pu administrative units, and Cheju was one of them, though the Mok was restored there in 1896. In 1906, Cheju was classified as a Kun.* If the author of this book was well informed about the administrative status of Cheju at the time of his writing, then this book must have been produced between 1895 and 1896, the only time period when Cheju was a Pu. However, the author traveled to Cheju Island in 1909 (as discussed in the essay "A Mushroom Talk" included in the present volume), so his knowledge of Cheju's administrative status was apparently outdated.
The author's sharp observational skills again stand out in this drawing. He not only presents the typical layout and wooden structures of a house, but also shows Cheju people's ingenious methods of securing the thatched roof against strong wind by tying it with ropes, and the use of stones for the walls of the house.

* 제주도지편찬위원회 편저, 『제주도지』(제주시: 제주도, 2006), 2권 554~561쪽.
Cheju toji p'yŏnch'an wiwŏnhoe, ed., *Cheju toji* [Gazetteer of Cheju] (Cheju-si: Cheju-do, 2006), vol. 2: 554~561.

龍頭岩

龍頭岩 | 용두암

Dragon Head Rock

용두암은 제주시에 있는 높이 10m의 바위로 관광명소이다.

Dragon Head Rock, a 10-meter-high rock, is one of the popular tourist sites in Cheju City.

현재의 용두암 Dragon Head Rock

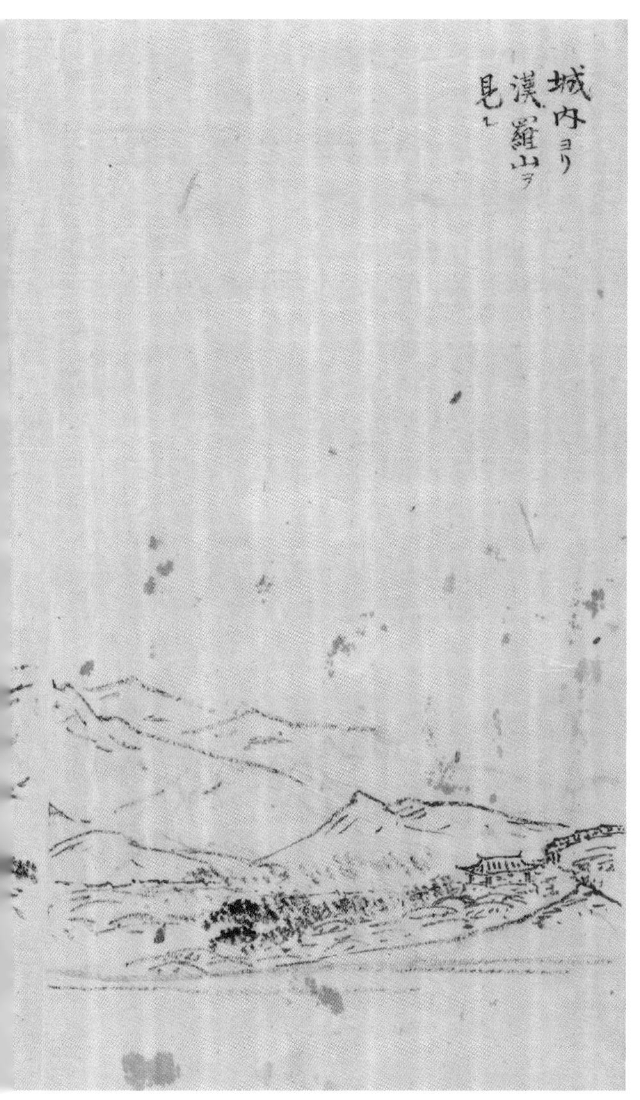

城内ヨリ漢羅山ヲ見ル | 성 안에서 한라산을 바라보다

View of Halla Mountain from the county seat

해발 1,950m의 한라산은 대한민국에서 가장 높은 산이다. 휴화산으로 정상에는 백록담이라는 화구호가 있다. 한라산은 1970년 국립공원으로 지정되었고 2002년에는 유네스코 생물권 보전지역으로 지정되었으며 2007년에는 유네스코 세계자연유산으로 등록되었다.* 오른쪽 그림의 아래 부분에 제주성과 성문으로 보이는 건물이 보인다. 왼쪽에 있는 다음장의 그림은 이 그림의 연장으로 한라산 정상이 보인다. 한라산은 주로 漢拏山으로 표기해 왔는데 저자는 漢羅山으로 표기하였다.

At 1,950 meters high, Halla Mountain is the highest peak in the Republic of Korea (South Korea). It is a volcanic mountain, and the crater lake on its top is called Paengnok-tam. Halla was designated a national park in 1970, a UNESCO Biosphere Reserve in 2002, and a World Natural Heritage Site in 2007.* The bottom right corner of the drawing on the right shows defense walls encircling the Cheju county seat and a building that appears to be one of the gates. The drawing on the next page (on the left here) seems to be an extension of the panorama on the right, and features the peak of Halla Mountain. In Korea the Chinese characters for Halla-san are 漢拏山, but the author uses 漢羅山.

* 출처: http://www.hallasan.go.kr/english/content.php?page=0101 (2014년 5월 13일 접속)
See http://www.hallasan.go.kr/english/content.php?page=0101 (accessed on May 13, 2014)

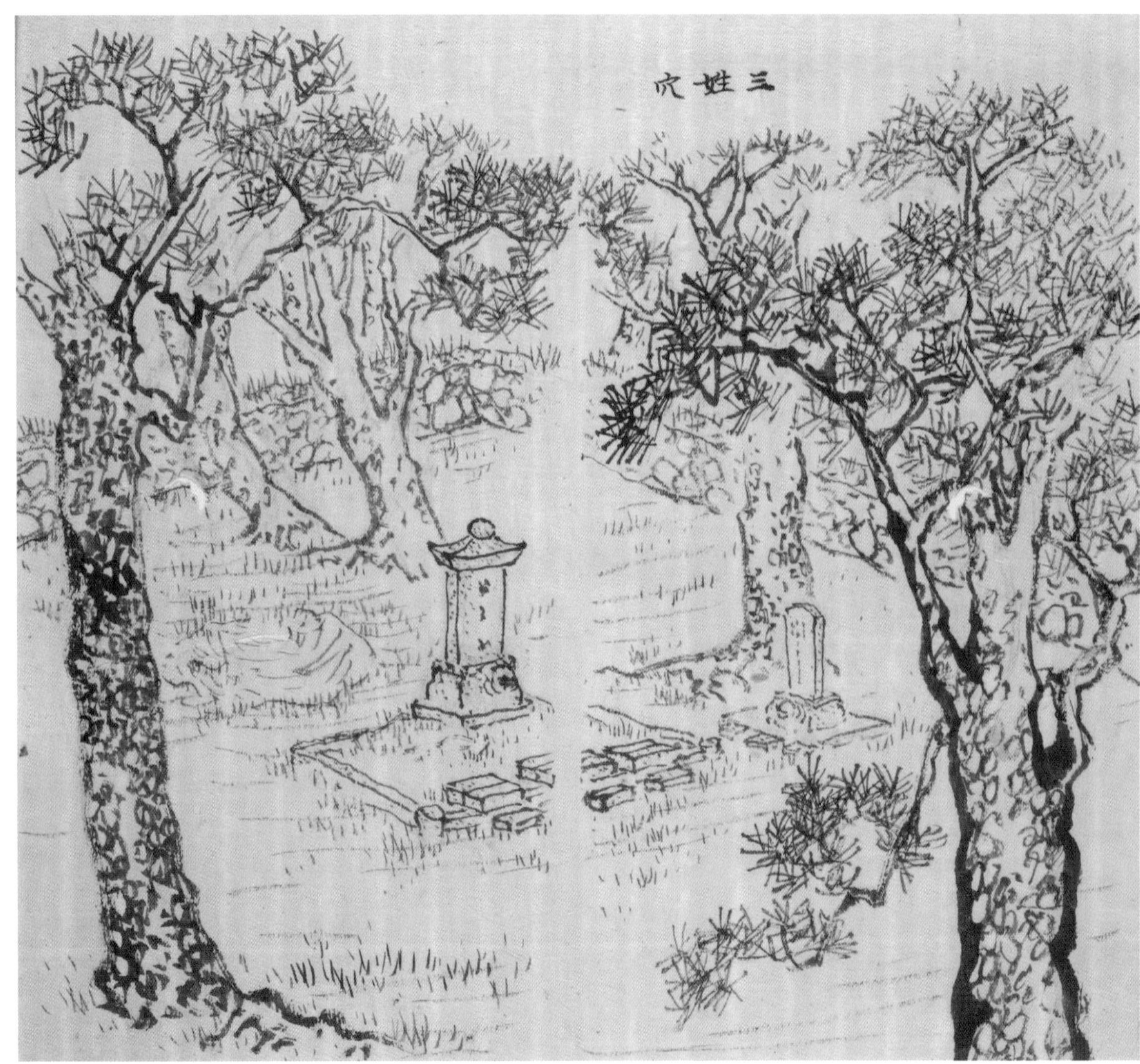
三姓穴

三姓穴 | 삼성혈

Three Clans' Lairs

삼성혈은 탐라를 창시한 고(高), 양(良 뒤에 梁으로 고침), 부(夫)씨의 시조가 솟아났다는 구멍으로 제주시의 관광명소이다. 그림에 있는 두 개의 비석은 현존하며 아래사진에서 보듯이 세 구멍이 있는 곳을 에워싸고 있는 돌들은 저자가 방문할 당시는 없었음을 알 수 있다. 삼성혈은 조선전기부터 성역화되어 울타리를 쌓고 홍문을 세웠으며 "삼성혈"이라고 새긴 비석을 세우고 정기적으로 제사를 지냈다.*

This is the site of the three holes where the three legendary founding fathers of the three clans—Ko (高), Yang (良 later 梁), and Pu (夫)—of the ancient kingdom of T'amna are said to have been born, and a popular tourist site in Cheju City. The two steles in the drawing are still standing, but the stone markers encircling the three holes were not there when the author visited in 1909 (see Photo). From the early Chosŏn period, the area was regarded as a sacred place. It was protected by encircling walls together with a red spirit-gate. In addition, a stele with the inscription "三姓穴" (Three Clans' Lairs) was placed there and regular rituals were conducted at this spot.*

지금의 삼성혈 Three Clans' Lairs

* 출처, 삼성혈 공식 웹사이트: http://www.samsunghyeol.or.kr/ (2015년 6월 1일 접속)
See its official website for more information: http://www.samsunghyeol.or.kr/ (accessed on June 1, 2015)

六月二日　曇

6월 2일 흐림

城内発足事業地に向ふ

성에서 출발하여
사업지로 향하다

June 2, cloudy

Heading to the business sites from the county seat

저자의 설명은 없으나
밭갈이하는 모습을 묘사하였다.

Plowing scene with
no annotation by the author-illustrator

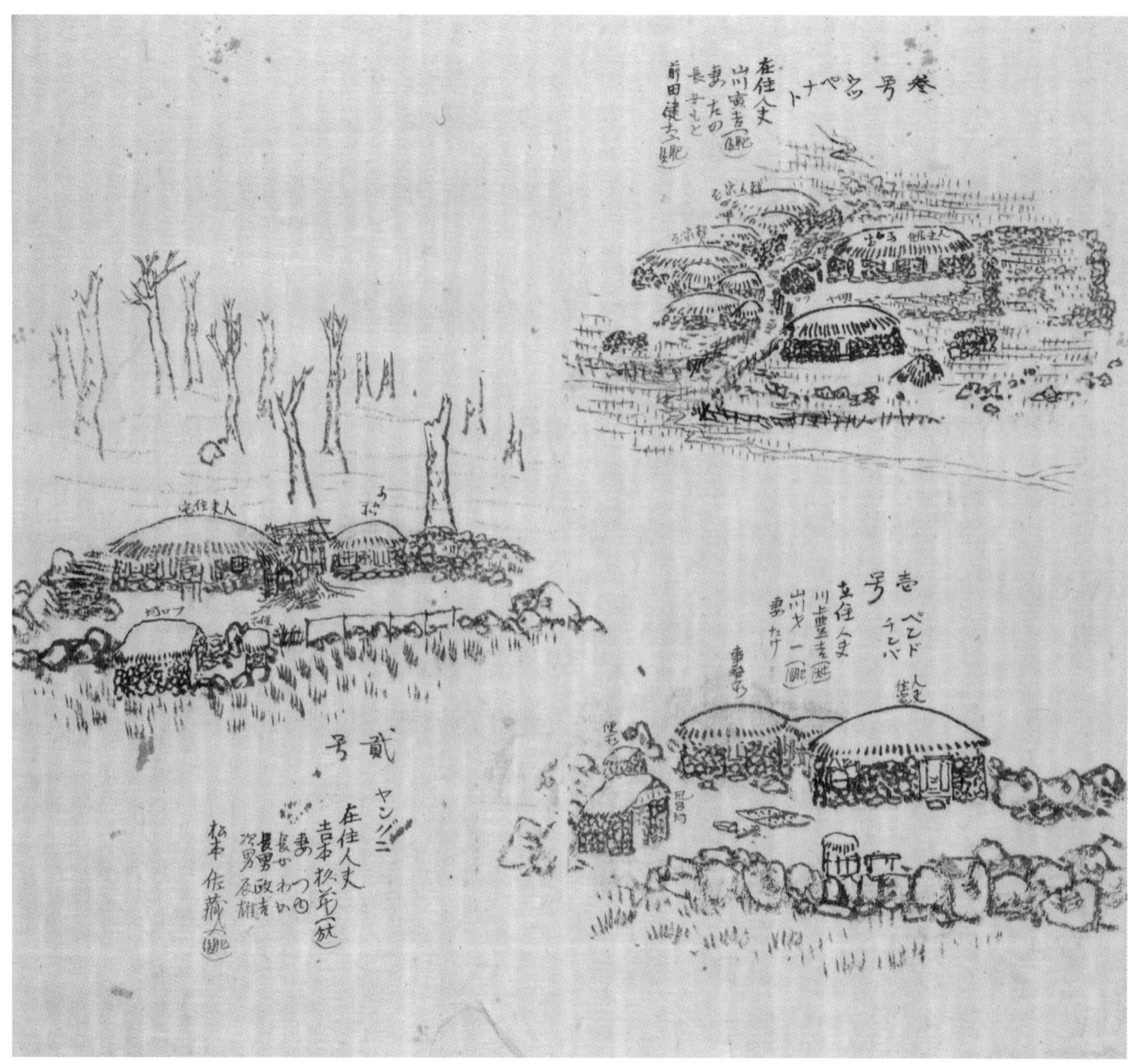

参号
壱号
弐号

[右上] | [오른쪽 위]

参号　ウッペナト、在住人夫、山川寅吉(肥後)、妻たの、長女　もと、前田健太(肥後)
[右上から時計回りに] 事ム室、人夫居住、明ヤ、フロ、韓人家屋、韓人家屋

3호 웃페나토, 거주 인부, 야마카와 토라키치 (히고), 처 타노, 장녀 모토, 마에다 켄타(히고)
[그림 속 표시, 오른쪽 위부터 시계방향으로] 사무실, 인부주택, 빈집, 목욕탕, 한인가옥, 한인가옥

[右下] | [오른쪽 아래]

壱号　ペンドチンバ、在住人夫、川上豊吉(土佐)、山川丈一(肥後)、妻　たけ
[右から順番に] 人夫住宅, 事務所, 風呂場, 便所

1호 펜도친바, 거주 인부, 카와카미 토요키치 (토사), 야마카와 조이치 (히고), 처 타케
[그림 속 표시, 오른쪽에서 왼쪽으로] 인부주택, 사무소, 목욕탕, 변소

[左] | [왼쪽]

貳号　ヤングニ、在住人夫、吉本枚蔵 (大分)、妻つゆ、長女　わか、長男　政吉、次男　辰雄、松本佐蔵 (肥後)
[時計回りに] 人夫住宅, 事ム所, 便所, フロ場

2호 얀구니, 거주 인부, 요시모토 큐조 (오오이타), 처 츠유, 장녀 와카, 장남 마사키치, 차남 다츠오, 마츠모토 사조 (히고)
[그림 속 표시, 왼쪽위부터 시계방향] 인부주택, 사무실, 변소, 목욕탕

[Top right]

No. 3. Uppenato, On-site workers, Yamakawa Torakichi ([from] Higo [Kumamoto Prefecture]), Wife: Tano, Daughter: Moto, Maeda Kenta ([from] Higo)
[Labels in the drawing from top right, clockwise] Office, worker's house, empty building, bathhouse, Korean house, Korean house

[Bottom right]

No. 1. Pendochinba, On-site workers, Kawakami Toyokichi ([from] Tosa [today's Kōchi Prefecture]), Yamakawa Jōichi ([from] Higo), Wife: Take
[Labels in the drawing, from right to left] Worker's house, office, bathhouse, outhouse

[Left]

No. 2, Yanguni, On-site workers, Yoshimoto Kyūzō ([from] Ōita), Wife: Tsuyu, First daughter: Waka, First son: Masakichi, Second son: Tatsuo, Matsumoto Sazō ([from] Higo)
[Labels in the drawing from left, clockwise] Worker's house, office, outhouse, bathhouse

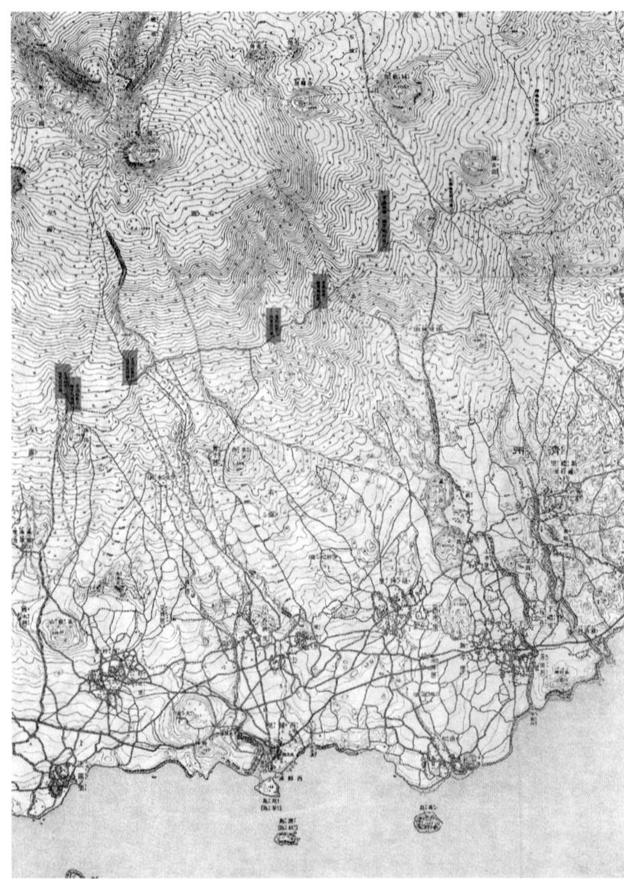

여섯 군데의 토에이샤東瀛社 표고버섯 재배장과 다른 일본인이 경영하는 표고버섯 재배장의 위치를 보여주는 1918년 제주도 지도 Map of Cheju Island in 1918 showing Japanese-run Shiitake Mushroom Plantation Sites, including Six Sites by Tōeisha*

이 그림을 보면 저자가 제주도를 방문하기 전에 이미 세 곳의 재배장이 세워져 있었음을 알 수 있다. 각 재배장은 거주 인부 한 사람과 그의 가족, 그리고 추가의 거주 인부 한 사람으로 꾸려져 있었다. 이들 일본인 농업 이주자들은 처자와 함께 거주했기 때문에 더 편안함을 느꼈을 것이다. 각 재배장에는 따로 사무실을 두었고, 또 목욕탕을 갖추고 있어서 자기들이 살던 집에 있는 듯한 느낌을 가졌을 것이다. 3호 재배장에는 "한인가옥"이라고 명명된 집이 두 채 있는데, 일본인에게 고용되어 있는 한국인들이 근처에 같이 살고 있었음을 알 수 있다.

재배장의 위치는 아래와 같이 파악하였는데, 이것은 전적으로 제주국제대학의 오창명교수 의견을 반영한 것임을 밝힌다. 1호 재배장 펜도친바는 현 서귀포시 남원읍 하례2리 물오름水岳의 서북쪽 산간(하례리 산24번지 바로 서쪽, 산27번지 임야 바로 아래쪽 일대)에 있었던 "벵디친밧坪垈陳田" 일대를 이르는 곳이라고 추정된다. 1918년 지도에 의하면 이곳의 약간 북쪽에 토에이샤東瀛社의 제1 표고버섯재배장이 있었고 그 서북쪽에는 토에이샤의 제2 표고버섯재배장이 있었다.

2호 재배장 얀구니는 서귀포시 상효동 1627번지 일대로 "양그니" 또는 "양근이동산" 등으로 부르는 곳 일대로 추정되는데, 현재 서귀포시 공설공원묘지가 조성되어 있다. 1918년 지도에 의하면 이곳 약간 북쪽에 토에이샤 제2 표고버섯재배장과 토에이샤 제3 표고버섯재배장이 있었다.

3호 재배장 웃페나토는 어디에 있었는지 확실하지 않다. 그러나 100쪽에 있는 그림을 참고하면 웃페나토는 얀구니 서쪽에 있던 것으로 보인다. 그러므로 1918년 지도에 표시되어 있는 토에이샤 제3 표고버섯재배장 또는 제4 표고버섯재배장과 관련이 있을 듯하다.

즉, 『제주도여행일지』에 나오는 세 재배장은 1918년 지도에 표시되어 있는 토에이샤의 4개 재배장보다는 남쪽에 위치하고 있었던 듯하다. 1918년 지도에는 이들 4개의 토에이샤 재배장을 포함하여 적어도 14개의 표고버섯 재배장이 표시되어 있다. 토에이샤에서만 한라산 남쪽 기슭에 6군데 재배장을 갖고 있었고 (왼쪽지도에서 가장 오른쪽에 표시된 곳이 1번 재배장이고 순서대로 가장 왼쪽에 있는 것이 6번 재배장이다), 토에이샤의 제1호 재배장의 동북쪽으로 사이고西鄕, 카바시마樺嶋(두 군데), 호에이샤豊榮社와 사토佐藤가 운영하는 재배장들이 있었으며, 별다른 이름 없이 표고버섯재배장으로 표시된 3곳은 토에이샤의 6호 재배장의 서쪽에 있었다.

This entry tells us that three business sites had been established before the author's visit. Each business site was inhabited by one worker and his family, plus one additional adult male worker. These Japanese settler-farmers may have been able to feel more stable and secure with the presence of their wives and children. Each site had a separate office space and its own bathhouse, which would also have helped them feel at home. The No. 3 business site has two buildings labeled "Korean house," which suggests that some Korean workers also lived on the site along with their Japanese employers.

Thanks entirely to Professor O Ch'ang-myŏng at Jeju International University, the three shiitake plantation sites have been identified as follows. The No. 1 plantation site, Pendochinba, seems to refer to the area called "Pengdich'inbat (벵디친밧 坪垈陳田)" in the native Cheju dialect, which is the northwestern hillside of Mulorom (물오롬 水岳) in Harye 2-ri, Namwŏn-ŭp, Sŏgwip'o City (west of san-24 Harye-ri and south of the forest in san-27 Harye-ri). According to the 1918 map of Cheju Island (See the map on the left), the Japanese company Tōeisha's (東瀛社) No. 1 plantation site was located north of Pengdich'inbat, while its No. 2 site was northwest of this place.

The No. 2 plantation site, Yanguni, seems to refer to the area called "Yanggŭ-ni" or "Yanggŭn-i tongsan (hill)," in the forests around 1627 Sanghyo-dong, Sŏgwip'o City. Presently, the Public Cemetery of Sŏgwip'o City is located there. On the 1918 map, Tōeisha's No. 2 and No. 3 sites were a little bit north of here.

The location of the No. 3 site, Uppenato, is uncertain. However, Uppenato is located west of Yanguni in the drawing found in page 100. Therefore, this site might be related to the No. 3 and No. 4 sites marked on the 1918 map.

In sum, the three plantation sites that appear in the *Travelogue* seem to have been located south of the four Tōeisha plantation sites marked on the 1918 map. The 1918 map flags at least fourteen shiitake mushroom plantation sites altogether. Tōeisha itself was operating six different sites on the southern part of Halla Mountain (No. 1 on the far right, to No. 6 on the far left on the map). Other sites that are named after Saigō (西鄉), Kabashima (樺嶋—2 sites), Hōeisha (豊榮社), and Satō (佐藤) are found to the northeast of Tōeisha's No. 1 site, and three other sites were located west of Tōeisha's No. 6 site.

* 이 지도는 조선총독부가 1918년에 작성한 조선 오만분의일 지형도 [25-1-8]: 한라산(제주도북부8호)와 조선 오만분의일 지형도 [25-2-5]: 서귀포(제주도남부5호)를 합성한 것이다. 디지탈화된 원본은 종로도서관 고문헌 원문검색서비스에서 볼 수 있다: http://jongnolib.koreanhistory.or.kr/dirservice/listJNLBook.do?searchValue=05*&CLASS_ID=05&set_id=54&totalCount=92&listQueryCode=S011&viewQueryCode=&bookDetailQueryCode=S034¤tPage=5&position=¤tMass=1&TYPE=MAP&ID=&page=20 (2015년 5월 10일 접속)
This map is based on the two segments of the 1918 map of Korea produced by the Office of the Governor-General. 朝鮮總督府 編, 朝鮮五万分一地形圖 [25-1-8] : 漢拏山(濟州島北部八號) and 朝鮮五万分一地形圖 [25-2-5] : 西歸浦(濟州島南部五號). The digitized original is available on the following website, Komunhŏn wŏnmun kŏmsaek service, Jongno Public Library: http://jongnolib.koreanhistory.or.kr/dirservice/listJNLBook.do?searchValue=05*&CLASS_ID=05&set_id=54&totalCount=92&listQueryCode=S011&viewQueryCode=&bookDetailQueryCode=S034¤tPage=5&position=¤tMass=1&TYPE=MAP&ID=&page=20 (accessed on May 10, 2015).

六月三日晴
第壱号
椎茸培
養場
見分

六月三日　晴 | 6월 3일 맑음

第壱号 椎茸培養場見分

제1호 표고버섯재배장 조사

June 3, sunny

Surveyed No. 1 shiitake mushroom plantation site

저자와 그 일행이 표고버섯재배장의 상태를 시찰하고 있는데 표고버섯은 수확을 하기까지 여러 해가 걸리므로 이 재배장은 저자 일행이 방문하기 몇 년 전에 설치되었을 것이다. 버섯 종균이 접종되어 있는 골목(버섯나무)들이 층층이 쌓여있다. 인부 한 사람이 발생한 버섯을 따서 방문객에게 보여주고 있다.

The author and his group are investigating the condition of the shiitake cultivation, which must have begun some years earlier, for shiitake farming is a multi-year endeavor. Numerous logs that had been planted with mushroom spawn are neatly stacked up. The worker in the drawing is holding a mature mushroom and showing it to the visitors.

其二
茸小切木
韓人夫食事

其二 | 기2

茸木小切　韓人夫食事

버섯 종균을 심을 원목을 작게 자름. 한인 인부 식사

Scene 2

Cutting logs for planting shiitake mushroom spawn. Korean workers eating their meal

이 장면은 다음 해에 버섯 종균을 할 나무를 자르는 모습을 담고 있다. 보통 버섯을 기를 원목은 전 해 가을 또는 겨울에 벌채하여 몇 개월간 건조시켜야 하므로 6월초에 벌채하는 것은 원칙에는 맞지 않는다. 그 당시에는 최상의 벌채 시기에 관한 정보가 없었는지도 모르겠다. 그러나 앞장과 이 그림은 버섯 재배가 몇 년간 계속되어 왔음을 알려주고 앞으로도 계속될 것을 전망하게 한다.*

In this scene, workers have been chopping trees into logs, in which mushroom spawn will be planted the next year. Since the logs are usually harvested in fall or winter and left in the forest to season over the winter before the mushroom spawn are planted, it is a little odd that the workers are felling the trees in early June. Perhaps information about the best time for logging was not available then. Yet both the preceding drawing and this one indicate that the mushroom farming on this site has been ongoing and is expected to continue.*

* 원목을 이용하여 표고버섯을 재배하는 방법에 관한 정보는 인터넷상에서 쉽게 찾아볼 수 있다. 한국어로는 한국임업진흥원 웹사이트 참조: http://kofpi.tistory.com/28; 영어로는 미조리대학 농림업센터 연구논문 「농림업의 실례로서의 표고버섯 재배에 대하여」 참조: http://www.centerforagroforestry.org/pubs/mushguide.pdf.
There is much online information on how to grow shiitake mushrooms using logs. For examples, in Korean see http://kofpi.tistory.com/28 by the Korean Forestry Promotion Institute; and in English see "Growing Shiitake Mushrooms in an Agroforestry Practice," by the University of Missouri Center for Agroforesty, at http://www.centerforagroforestry.org/pubs/mushguide.pdf.

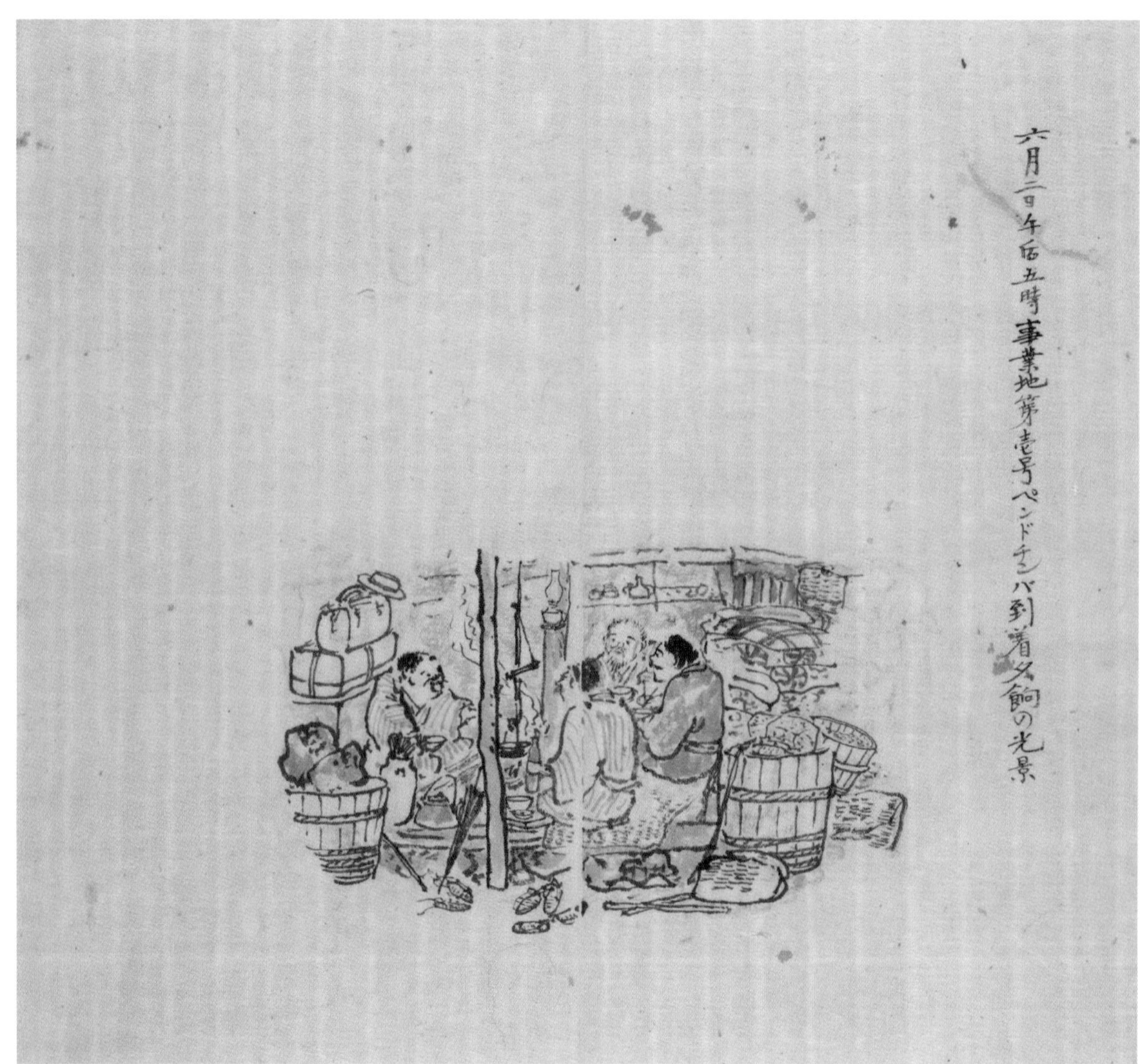
六月二日午后五時事業地第壱号ペンドチンバ到着夕餉の光景

六月二日　午后五時 | 6월 2일 오후 5시

事業地第壱号ペンドチンバ到着 夕飾光景

사업지 제1호 펜도친바 도착. 저녁식사 풍경

June 2, 5 p.m.

Dinner scene [after we] arrived at the plantation No. 1 Pendochinba

물건으로 가득찬 이 장면은 이주민들이 필요한 물품을 잘 갖추고 있었음을 추정케한다. 이 그림은 6월 2일의 상황인데 앞 그림과 순서가 뒤바뀐 것을 알 수 있다. 일행은 6월 2일 제주성을 떠나 같은 날 제1호 사업지에 도착해서 저녁식사를 하고 목욕을 한 후, 6월 3일 1호 재배장을 시찰하였고, 6월 4일에 제2호 사업지로 이동하였을 것이다. 『제주도여행일지』의 다른 부분에도 날짜 순서가 맞지 않거나 빠진 날들이 있다. 저자가 때때로 며칠이 지난 후 기억에 의지하여 일지를 작성했음을 짐작케한다. 예를 들면 60쪽에 있는 세 사업지에 관한 기록은 세 곳을 모두 방문한 후에야 작성 가능하였을 것이지만 방문을 시작하기 전에 이미 들어가 있다.

This scene suggests that the settlers are relatively well stocked, for each bin is filled up with goods. Note that the order of entries is mixed here—June 2, June 3, and then back to June 2, followed by June 4. The group must have arrived at No. 1 plantation on June 2, had dinner, and taken a bath. On the next day, June 3, the group examined the farm. On June 4, the group arrived at No. 2 plantation site. There are other entries in the *Travelogue* in which the order of dates is reversed, and there are also missing entries. This suggests that the author sometimes made entries in his journal by casting his memory back a few days. One good example is the drawing in page 60, which depicts all three business sites. The author could have drawn it only after visiting all three, yet it appears in his journal immediately before his three visits.

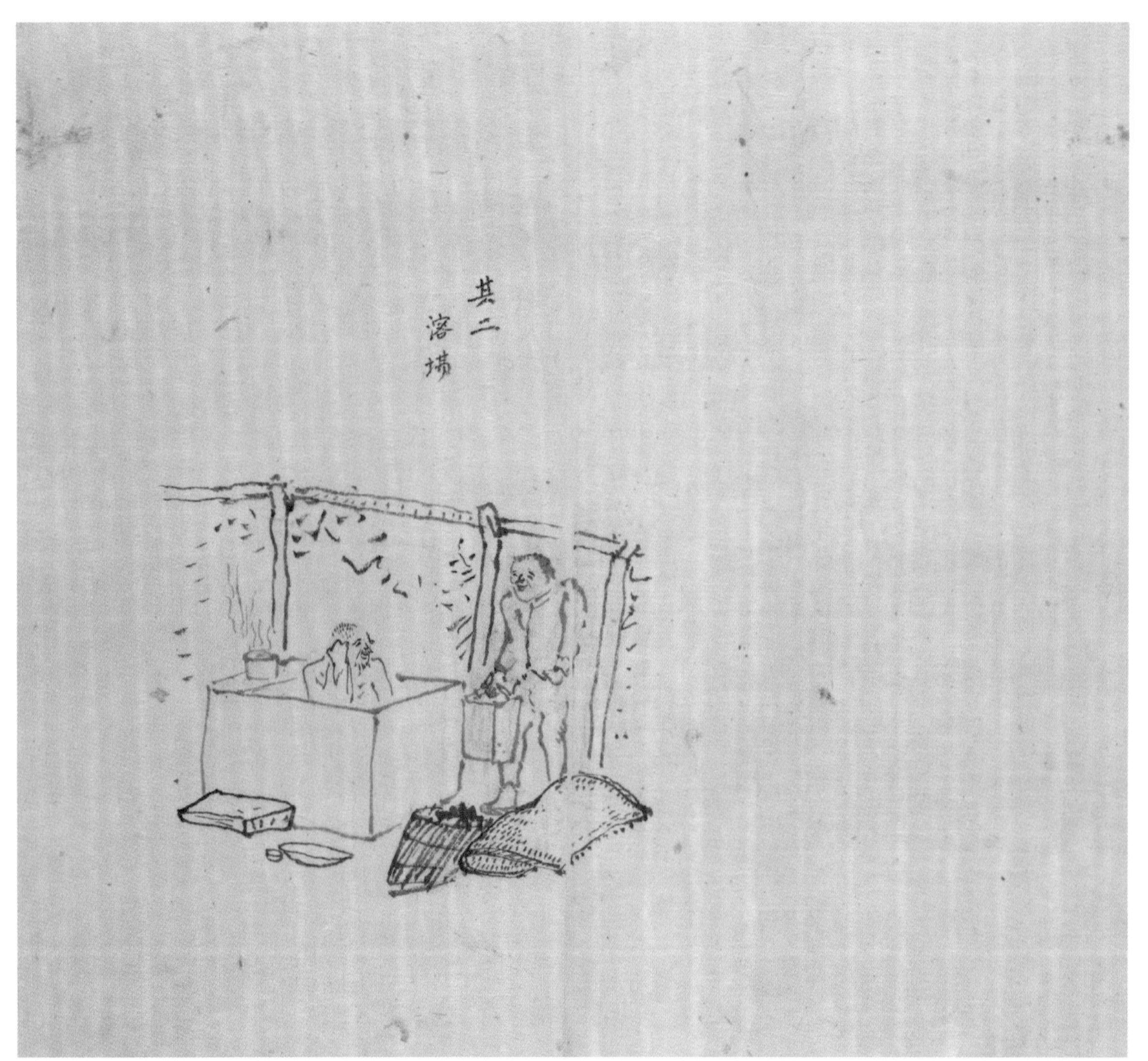

其二 | 기2

浴場

목욕탕

Scene 2

Bathhouse

六月四日 晴

6월 4일 맑음

事業地第貳号ヤングニに至る

사업지 제2호 얀구니에 도착

June 4, sunny

Arrived at the plantation
No. 2 Yanguni

六月五日 半晴 第二号椎茸培養場見方
御嶽
長寄山

六月五日　半晴 | 6월 5일 약간 맑음

第二号 椎茸培養場見分 御嶽, 長峯山

제2호 표고버섯재배장 조사, 어악, 장봉산

June 5, partly sunny

Surveyed No. 2 shiitake mushroom plantation, Ŏ Peak, Changbong Mountain

---

일본에는 어악(御嶽: 미타케みたけ 또는 온타케おんたけ)으로 불리는 산이 여러 곳이 있는데 그 명칭에는 산에 대한 외경과 숭배의 뜻이 담겨있다. 이 그림의 어악은 제주도 한라산의 주봉, 특히 백록담을 둘러싸고 있는 남벽, 서벽, 동벽 일대를 지칭하는 듯하다. 여기에서 장봉산은 방에오롬을* 지칭하는 것으로 보인다.

There are several mountains in Japan that were respectfully called "御嶽" (Mitake みたけ or Ontake おんたけ) and that were often the sites of mountain worship. The author seems to be expressing his respect for the main peak of Halla Mountain, especially the southern, western, and eastern cliffs that surround the Paengnok Crater Lake, by calling it "御嶽." Changbong Mountain might refer to the peak "Pange orom" in native Cheju dialect, located near the southern cliff.*

* 장봉산에 대한 정보는 오창명교수의 의견을 따랐다.
As for the identity of Changbong Mountain, we followed the opinion of Professor O Ch'ang-myŏng.

저자의 설명은 없으나
소년이 소를 치는 풍경을 담았다.
Landscape with figure and ox, no annotation by author-illustrator

六月六日　晴

6월 6일 맑음

事業地第三号ウツペナトに至る
椎茸培養場見分

사업지 제3호 웃페나토에 도착
표고버섯재배장 조사

June 6, sunny

Arrived at the No. 3 plantation Uppenato
Surveyed shiitake mushroom plantation

六月七日半晴
藤田老人ヤングニ
發足歸國の途

六月七日　半晴 | 6월 7일 약간 맑음

藤田老人ヤングニ發足　歸國の途に付く

후지타 노인이 얀구니를 떠나 귀국 길에 오르다.

June 7, partly sunny

Elder Fujita departing Yanguni on his way back to the home country.

이 그림은 제1권의 마지막을 장식하는데 5월 10일 일본을 떠나 같이 여행길에 오른 세 사람 중 일본으로 되돌아가는 후지타 노인을 전송하는 모습을 그렸다.

This is the last entry of Volume 1, which depicts the departure of Elder Fujita, one of the three men who set out this journey together from Japan on May 10.

長峯山
御嶽
前山嶽
ウツペツ
カモ

濟州嶋旅行日誌

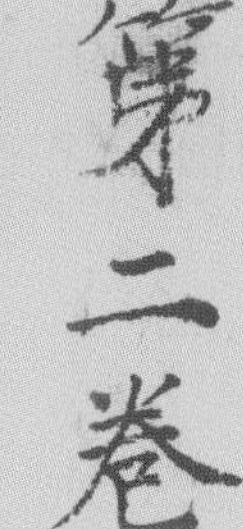

제주도여행일지 제2권

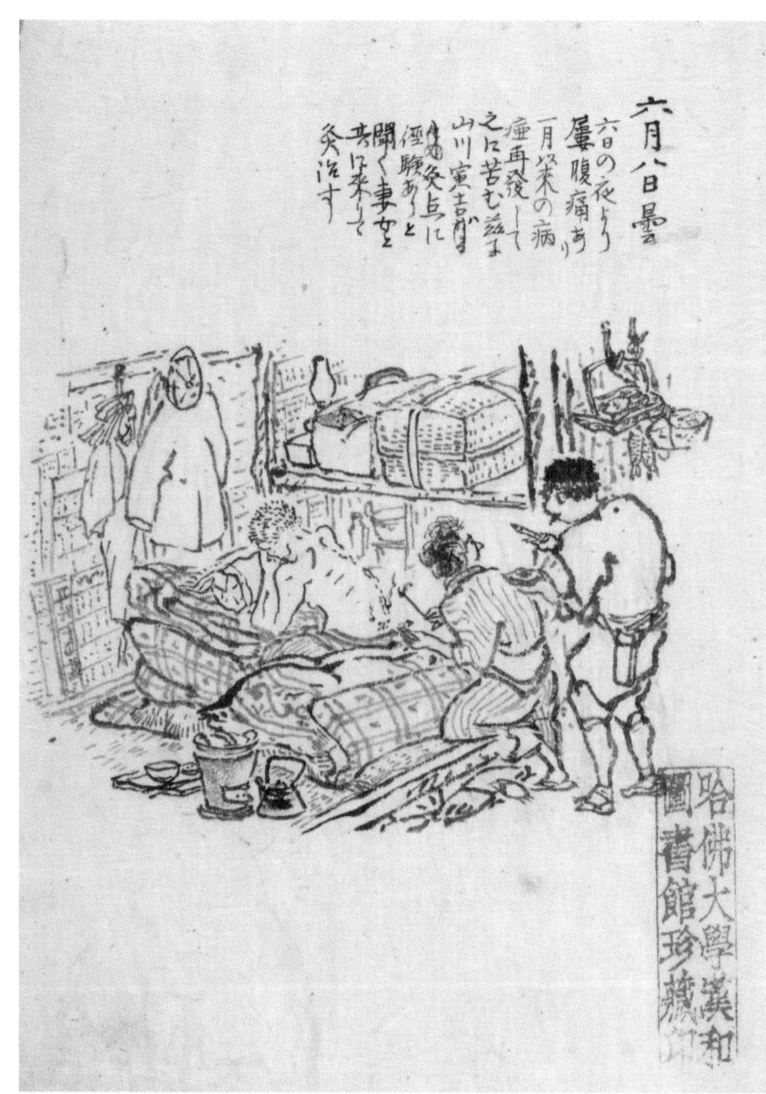
六月八日曇
六日の夜より
霍乱腹痛あり
一月余来の病
疝再発して
之に苦む
山川寅吉が
灸点に
経験ありと
聞く事女と
共に来りて
灸治す
哈佛大學漢和圖書館珍藏印

六月八日　曇 | 6월 8일 흐림

六日の夜より屢腹痛あり. 一月以来の病癒再発して之に苦む. 玆に山川寅吉ハ灸点に経験ありと聞く妻女と共に来りて灸治す.

6일 밤부터 자주 복통을 앓았다. 1월부터 앓아온 병이 재발하여 고생을 했다. 야마카와 토라키치가 뜸 경험이 있다고 하는 처와 함께 와서 뜸치료를 했다.

June 8, cloudy

[I have had] frequent stomachaches since the evening of the sixth. [I] suffered a relapse of the illness that had begun in January. Yamakawa Torakichi came together with his wife, who was known to be experienced in moxa treatment and who applied moxa [on my body].

이 그림에서 복통을 앓고 있는 사람이 이 책의 저자로 추정된다. 즉 등을 드러내고 뜸을 맞고 있는 사람이다. 머리카락이 성긴 것이 특징이다. 야마카와 토라키치는 제1호 사업지의 거주 인부이고 그 처의 이름은 타노이다.

We assume that the person who describes being ill in this entry is the author of this book. Therefore, the man whose back is exposed and receiving moxa treatment in this drawing is our protagonist. Note that he has wispy hair. Yamakawa Torakichi is one of the workers at the No. 1 site. His wife's name is Tano.

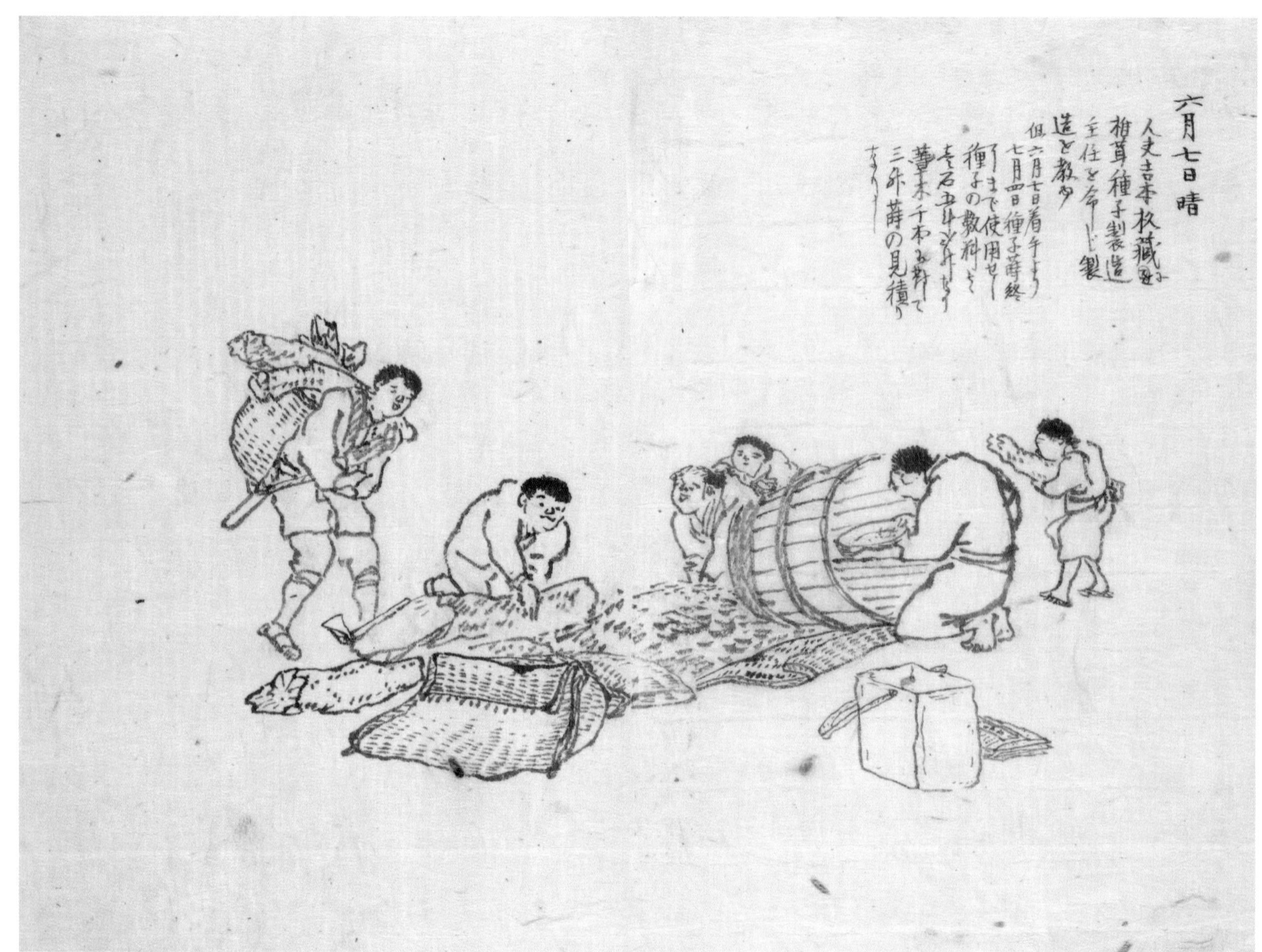

六月七日晴
椎茸種子製造
造を教ゆ
但六月七日着手より
七月四日種子蒔終
了まで使用せし
三斤蒔の見積り

六月七日　晴 | 6월 7일 맑음

人夫吉本杦蔵に椎茸種子製造主任を命じ製造を教ゆ. 但六月七日着手より七月四日種子蒔終了まで使用せし種子の数料は壱石五斗貮升なり. 茸木千本に対して三升蒔見積りなりし.

인부 요시모토 큐조를 표고버섯종균 제조 주임으로 명하여 제조를 가르쳤다.
6월 7일 착수일로부터 7월 4일 종균 심기 종료일까지 사용하는 종균의 양은 1석 5두 2승이다. 버섯 심을 목재 1,000 그루에 3승씩 심는 것으로 모종 심기 견적을 낸 것이다.*

June 7, sunny

[I] appointed worker Yoshimoto Kyūzō as the manager in charge of manufacturing shiitake mushroom spawn and taught him how to do that. The amount of spawn to be used from June 7, when the work began, to July 4, when the planting of spawn will be completed, is estimated 1 *koku*, 5 *to*, [and] 2 *sho*, which is based on the formula of 3 *sho* of spawn needed for 1,000 logs.*

요시모토 큐조는 제2호 사업지의 인부이다. 미무라 쇼자부로(三村鐘三郎)는 「표고버섯 종자 재배법」이라는 논문을 1908년 3월 9일자 아사이신문에 발표하였다. 저자와 그 일행은 아마 일본에서 얻은 새로운 지식을 바탕으로 거주 인부들에게 종균 만드는 법을 가르치고 있었을 것으로 추정된다.**

Yoshimoto Kyuzo is one of the workers at the No. 2 site. Mimura Shōzaburo (1869~1935) published a long article, "Shiitake shushi saibaihō" [How to Produce Shiitake Spawn], in the major daily newspaper *Asahi shinbun* on March 9, 1908. The author and his group may have been teaching on-site workers this new method that had just become available in Japan.**

* 1석은 대략 278.3리터, 1두는 대략 18리터, 1승은 대략 1.8리터이다.
1 *koku* = 278.3 liters; 1 *to* = approx. 18 liters; and 1 *sho* = approx. 1.8 liters.

** 미무라 쇼자부로(三村鐘三郎) 는 1909년 『人工播種椎茸栽培法大要』라는 책에 표고버섯 종균의 과학적 제조법을 소개하였다. 이 책은 다음 웹사이트에 있다: http://dl.ndl.go.jp/info:ndljp/pid/842315 (2015년 6월 5일 접속). 미무라의 책은 1909년 12월에 출판되었으므로 이 책의 저자와 후지타 칸지로(藤田寛二郎)는 아직 이 책을 읽지는 못하였을 것이다.
In 1909, Mimura Shōzaburo also introduced the scientific method of artificial germination in his book *Jinko hashu shiitake saibaihō taiyō* [A Summary of Artificial Germination Method for Growing Shiitake], which is available online: http://dl.ndl.go.jp/info:ndljp/pid/842315 (accessed on June 5, 2015). The author as well as Fujita Kanjirō did not have access to this book because it was published in December of that year.

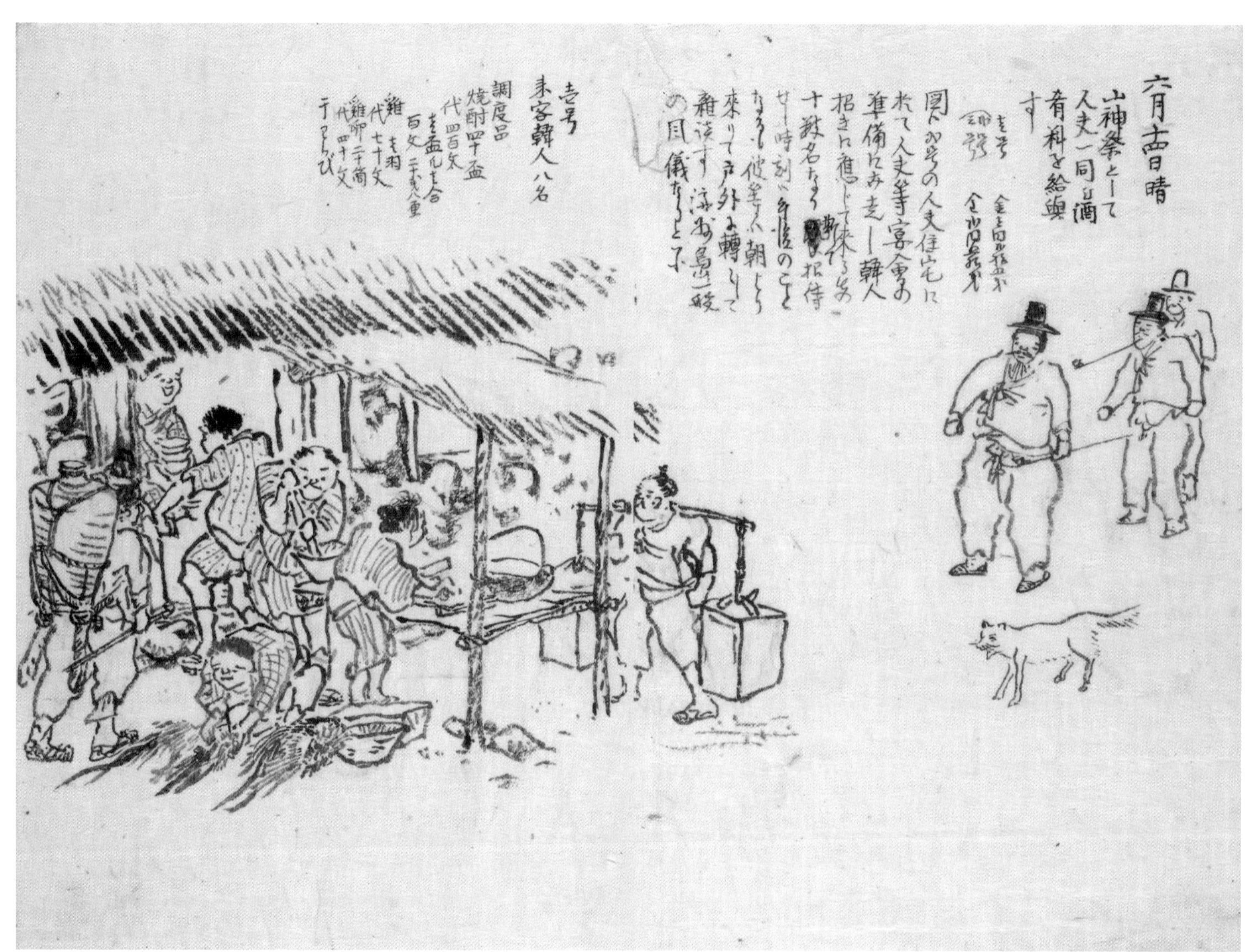

六月十四日　晴 | 6월 14일 맑음

山神祭として人夫一同江酒肴料を給與す。

壱号　金壱圓弐拾五銭、弐号三号 金貳圓五拾銭。

国人貳号の人夫住宅に於て人夫等宴会の準備に奔走し。韓人招きに応じて来るもの十数名なり。斯て招待せし時刻ハ午後のことなるも彼等ハ朝より来りて戸外に轉々して雑談す。濟州嶋一般の風儀なりといふ。

산신제를 지내기 위해 인부들에게 술과 안주비용을 지불했다.

1호 금 1원 25전, 2호와 3호 금 2원 50전.

우리나라[일본] 사람 2호의 인부 주택에서 인부들이 연회 준비를 위해 분주했다. 한인들로 초청을 받고 온 사람이 십여 명이었다. 초대한 시간은 오후인데 그들은 아침부터 와서 문밖에서 오가며 잡담을 나눴다. 제주도의 일반 풍속이라고 한다.

June 14, sunny

Expenses have been paid for wine and food for a celebration ritual for the mountain deity.

Household No. 1: 1.25 Yen, Households No. 2 and 3: 2.50 Yen.

Japanese workers were busy preparing for the banquet at the worker's house of the No. 2 Household. At the invitation, a dozen or so Koreans came to join the banquet. Although the time for the banquet was in the afternoon, they arrived at the door in the morning, walked around, and chatted with each other. [I learned that] this was the custom of the island.

壱号 来客韓人　八名 | 1호 한인 손님 8명

調度品
焼酎 四十盃 代 四百文
壱盃凡壱合 百文　二十銭八厘
雞　壱羽代　七十文
雞卵　二十筒 代　四十文
干わらび

준비물
소주 40잔 대금 400문
1잔 대략 1홉 100문 20전 8리
닭 한 마리 대금 70문
계란 20개 대금 40문
말린 고사리

Household No. 1 8 Korean guests

Items for banquet
Distilled liquor 40 glasses, equivalent to 400 *mon*
One glass is about 1 *go* [about 180 ml], equivalent to 100 *mon* 20 *sen* 8 *rin*
One chicken, which costs 70 *mon*
20 eggs, which cost 40 *mon*
Dried fiddlehead

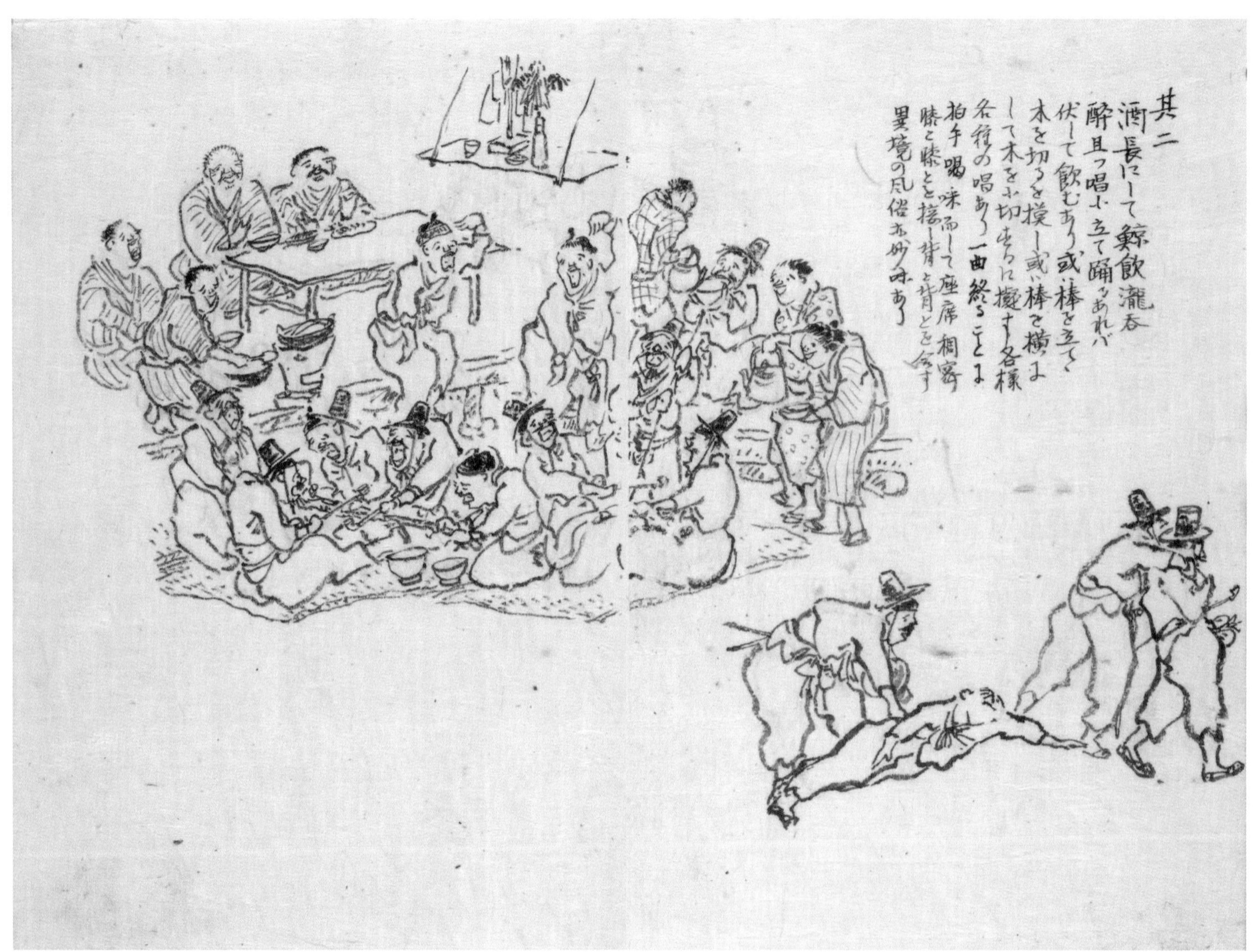
其二
酒長にして鯨飲瀧呑
酔且つ唱ふ立て踊るあれバ
伏して飲むあり或ハ棒を立て
木を切るを摸し或ハ棒を横ニ
して木を不切まね擬す各様
各種の唱あり一曲終ることニ
拍手喝采而して座席相寄
膝と膝とを接し背と背とを会す
異境の風俗亦妙味あり

其二 | 기2

酒長にして鯨飲瀧呑酔且つ唱ふ. 立て踊るあれバ伏して飲むあり。或ハ棒を立てて木を切る模し或ハ棒を横にして小切するに擬す. 各様各種の唱あり。一曲終ることに拍手喝采而して座席稠密膝と膝とを接し背と背とを合す.異境の風俗亦妙味あり。

술자리는 길어지고 고래처럼 폭포처럼 술을 마시면서 노래한다. 서서 춤추는 자가 있으면 엎드려 마시는 자도 있다. 어떤 사람은 막대기를 세우고 나무를 자르는 모습을 흉내내고 다른사람은 막대를 옆으로 잡고 나무 써는 모습을 흉내낸다. 각양각종의 노래가 있다. 한 곡이 끝날 때마다 박수갈채를 하고 앉은 자리는 빽빽하여 무릎과 무릎이 닿고 등과 등이 닿는다. 다른 고장의 풍속이라서 묘미가 있다.

Scene 2

There was plenty of drink, and people drank a lot, like a whale [spouting water] and like a waterfall, while they sang songs. Some were dancing around and others lying down on the floor and drinking. Some sat bolt upright and pretended to be cutting trees. Others pretended to saw a log, holding a stick sideways. People sang a wide variety of songs. They loudly applauded at every song and they sat right next to each other, with knees and backs against each other. It is amusing to see the customs of a foreign land.

세 곳의 사업지를 시찰한 후 일본인들은 표고버섯 종균 작업 이전에 산신제를 지냈다. 산신제에 대한 기술은 없지만 그림 위쪽에 술잔과 음식 그릇 등이 놓인 제사상으로 보이는 장면이 그려져 있다. 저자는 한국인 손님들과 그들의 풍속에 지대한 관심을 보인다. 그들은 잔치가 시작하기 훨씬 전에 도착하고, 많은 술을 마셨다고 한다. 이에 관하여 저자는 이 일지 전체를 객관적인 기술로 일관하고 있는 것과 다르게 주관적인 평을 포함하고 있다. 술을 많이 마신 것에 대하여 고래처럼 폭포처럼 마셨다고 표현한 것은 시적이기까지 하다. 그림에는 일본인과 한국인 주객이 잔치를 즐기는 모습을 생생하게 담고 있다. 그림 왼쪽 위 탁자 앞에 잔치를 주관하고 있는 두 사람을 그렸는데, 한사람은 짙은 검은 머리카락과 콧수염의 소유자이고, 또 한 사람은 성긴 머리카락과 콧수염을 가졌다. 원래 일행 중 한 사람이었던 후지타(藤田) 노인은 6월 7일 일본으로 되돌아 갔다. 6월 8일자 일기를 보면 저자는 복통을 앓았는데 그는 성긴 머리카락을 하고 있었다. 다음 6월 16일 일기를 보면 후지타 칸지로(藤田寛二郎)라는 인물이 등장하는데, 그가 바로 여기서 잔치를 주관한 짙은 검은 머리와 콧수염의 소유자와 동일인임을 알 수 있다. 그러므로 여행 초기부터 동행한 세사람은 저자, 후지타 칸지로, 그리고 후지타 노인이다. 후지타 노인은 후지타 칸지로의 아버지이거나 가까운 친척일 가능성이 높다.

타케나카 요(竹中要)에 의하면 에히메(愛媛県) 출신의 사업가인 후지타 칸지로는 1905년 한국 정부로부터 10년 특허 계약을 따내고 제주도에 표고버섯 재배를 시작하였다고 하는데, 이것이 제주도에서 인공 표고버섯 재배의 시초를 이룬다.* 앞서 언급한 토에이샤는 1906년 처음 제주도에서 표고버섯 재배사업을 착수하였는데, 이 그림에서 얻을 수 있는 정보와 함께 추정해 볼 때 후지타 칸지로가 토에이샤의 주인이거나 이 회사의 중요 인물임을 알 수 있다.**

After examining the three business sites, the Japanese prepared a celebration ritual dedicated to the mountain deity before proceeding with planting of the shiitake mushroom spawn. There is no depiction of the ritual itself, but a ritual altar, complete with offerings of a cup of drink, a food dish, and other ritual objects, is seen to be set up in the upper part of the room. The author pays great attention to the Korean guests and their customs—how they arrived early for the banquet and how merrily they enjoyed themselves after heavy drinking. The author even makes the rare subjective remark about his observations, contrary to his usual style of only recording the facts in his journal. He begins with the metaphors of a whale spouting water and a waterfall to evoke the copious amounts the guests drank, accompanied by his lively illustration of both Japanese hosts and Korean guests, which makes the scene a bit poetic.

At the top left in this drawing, we clearly see two hosts —one man with thick black hair and mustache, and the other with wispy hair and mustache. The third man who had set out on the trip, Elder Fujita, had departed on June 7. From the entry of June 8 we know that the author was ill, and from that drawing we also know that he had wispy hair. In the June 16 entry later, a man named Fujita Kanjirō appears, so he must be the host here who has the thick black hair and mustache. Therefore, the three men who set out from Japan and traveled together were Elder Fujita, Fujita Kanjirō, and the author. Elder Fujita may have been Fujita Kanjirō's father or otherwise related to Fujita Kanjirō.

According to Takenaka Yō, Fujita Kanjirō, a businessman from Ehime Prefecture, started the shiitake plantation on Cheju Island after presumably obtaining a ten-year license from the Korean government in 1905, and this was the beginning of artificial shiitake production on the island.* The aforementioned Japanese company Tōeisha began its mushroom-growing business on Cheju Island in 1906, and in light of information from this *Travelogue*, Fujita Kanjirō must have been closely involved with Tōeisha, perhaps even its owner.**

* 竹中要,「染井吉野桜の原産地に就て」,『史跡名勝天然記念物』11집 1호, 27~34쪽.
Takenaka Yō, "Somei Yoshino Sakura no gensanchi ni tsuite" [On the Place of Origin of Somei Yoshino Sakura], in *Shiseki meisho tennen kinennbutsu* [Historical Sites, Scenic Places, and Natural Monuments], vol. 11, no. 1 (1936): 27~34.

** 이 책에 실린 허경진 · 문순희,「일본인의 제주도 버섯재배를 그림으로 기록한 제주도여행일지」, 220쪽 참조.
See Hur Kyoung Jin and Moon Soon-Hee, "Ilbonin ŭi Cheju-do pŏsŏt chaebae rŭl kŭrim ŭro kirokhan Cheju-do yŏhaeng ilchi" [A study of an Illustrated Journal of Japanese Mushroom Farming on Cheju Island] included in the present volume.

六月十三日晴
三号にある明屋を
利用して乾燥場
となす而して韓
人夫を併せて之に
従事せしむ

六月十五日　晴 | 6월 15일 맑음

三号にある明屋を利用して乾燥場となす. 而して韓人夫を併せて之に従事せしむ.

3호에 있는 빈 집을 이용하여 건조장을 만들었다. 한국인 인부도 함께 이 작업에 투입하였다.

June 15, sunny

We used an empty building that belongs to No. 3 Household as a drying station. We had Korean workers work there together [with Japanese workers].

六月十六日晴

六月十六日　晴 | 6월 16일 맑음

殊に天気晴朗. 種子蒔きに適す. 藤田寛二郎氏主任となり吉本枚蔵之に従い四十一年伏入の分に對し播種を初む.

매우 날씨가 청랑(晴朗)했다. 종균심기에 알맞은 날씨이다. 후지타 칸지로씨가 주임을 맡고 요시모토 큐죠가 그를 따라 [명치] 41년(1908)에 준비해둔 나무에 파종을 시작했다.

June 16, sunny

The weather was extremely good. It was suitable for planting spawn. Fujita Kanjirō was in charge, and under the direction [of Fujita Kanjirō], Yoshimoto Kyūzō began planting spawn on the logs prepared in 1908 (Meiji 41).

이 그림에 의하면 당시 일본인들은 종균을 파종하는 데 흩뿌리는 방법을 사용하고 있어서 현재 원목에 구멍을 뚫고 종균을 하나 하나 넣어주는 것과 달랐음을 알 수 있다.

In this drawing, we learn that the Japanese scattered shiitake spawn by hand over the seasoned logs, a method that differs from injecting spawn into drilled holes one by one, as is done in present-day mushroom farming.

藤田川上流　其一 | 기1: 후지타천 상류

Scene 1: Upper stream of Fujita River

其二　鏡瀧 | 기2: 카가미 폭포

Scene 2: Kagami Waterfall

종균 파종을 하면서 저자는 일대를 둘러보며 자연 경관이 담긴 여러장의 그림을 남겼다. 제주도에 정착한 일본인 이주민들은 후지타(藤田)가 표고버섯 재배사업에 선구적인 역할을 한 것을 기념한 듯 그의 이름을 따서 천(川)의 이름을 지었다.
저자는 지명을 표기할 때 세 가지 방법을 사용했는데, 용두암, 삼성혈, 한라산과 같이 잘 알려진 지명은 그대로 따랐고, 세 곳의 사업지와 같이 제주도식의 지명은 그 원래 발음을 일본식 가나로 옮기기도 했으며, 후지타천, 카가미폭포, 그리고 다음에 나오는 히데오못과 같이 저자나 다른 일본인이 지어 붙인 것을 따르기도 했다.

While planting shiitake spawn, the author apparently explored the area for some sightseeing, as depicted in next several drawings of scenic spots and landscapes. Japanese settlers on Cheju Island named a river after Fujita, reflecting Fujita's pioneering role in the shiitake business on the island.
The author follows the Korean place names for some well-known sites, such as Dragon Head Rock, Three Clans' Lairs, and Halla Mountain, but seems to have transcribed Korean pronunciation into Japanese kana script for other place names, such as the above-mentioned business sites. Still other sites, such as Fujita River, Kagami Waterfall, and Hideo Pool, must have been named by the author or another Japanese person.

秀雄川の上流 | 히데오천 상류

秀雄淵

히데오못

Upper stream of Hideo River

Hideo Pool

六っの滝 | 여섯 줄기의 폭포

Six waterfalls

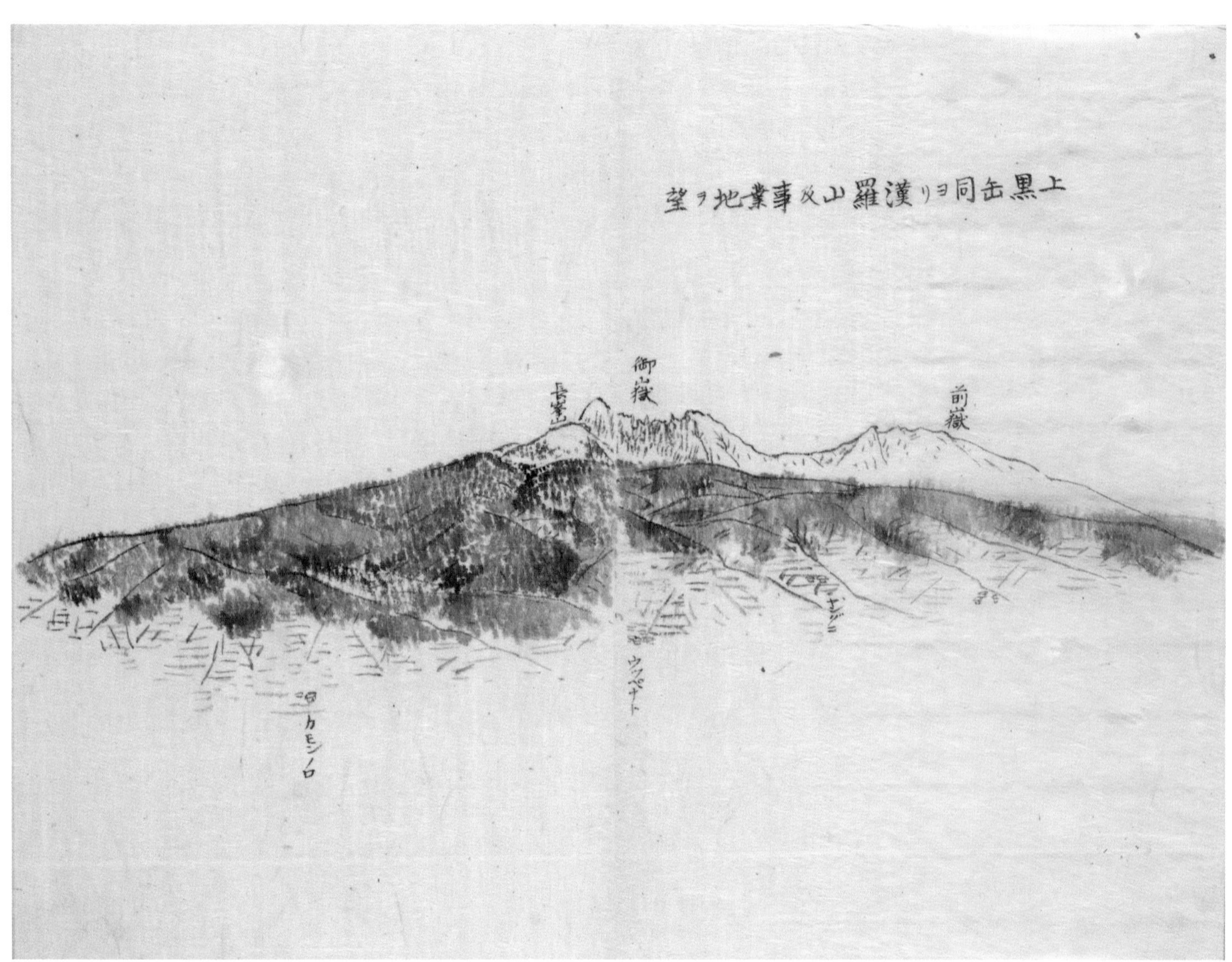
上黒岳同ヨリ漢羅山及事業地ヲ望
御嶽
長峯山
前嶽
ウツペナト

上黒缶同ヨリ漢羅山及び事業地を望 | 상흑악동에서 바라본 한라산과 사업지[의 전경]

[右上より時計の逆周りに] 前嶽, 御嶽, 長奉山, カモシノロ, ウッペナト, ヤングニ

[오른쪽 위에서 시계 반대방향으로] 전악, 어악, 장봉산, 카모시노로, 웃페나토, 얀구니

View of Halla Mountain and plantation sites from Sanghŭgak-tong

[From top right, counter-clockwise] Chŏn Peak, Ŏ Peak, Changbong Mountain, Kamoshinoro, Uppenato, and Yanguni

---

이것은 한라산 남쪽에서 바라본 한라산 전경이다. 상흑악동과 카모시노로는 어디인지 알 수 없다. 전악(前嶽)은 백록담을 에워싸고 있는 동벽과 동벽 등성이 일대를 지칭하는 것 같다.

This is a panoramic view of Halla Mountain from its southern side. The exact locations of Sanghŭgak-tong and Kamoshinoro are unknown. Chŏn Peak seems to refer to the eastern cliff and its area surrounding Paengnok Crater Lake.

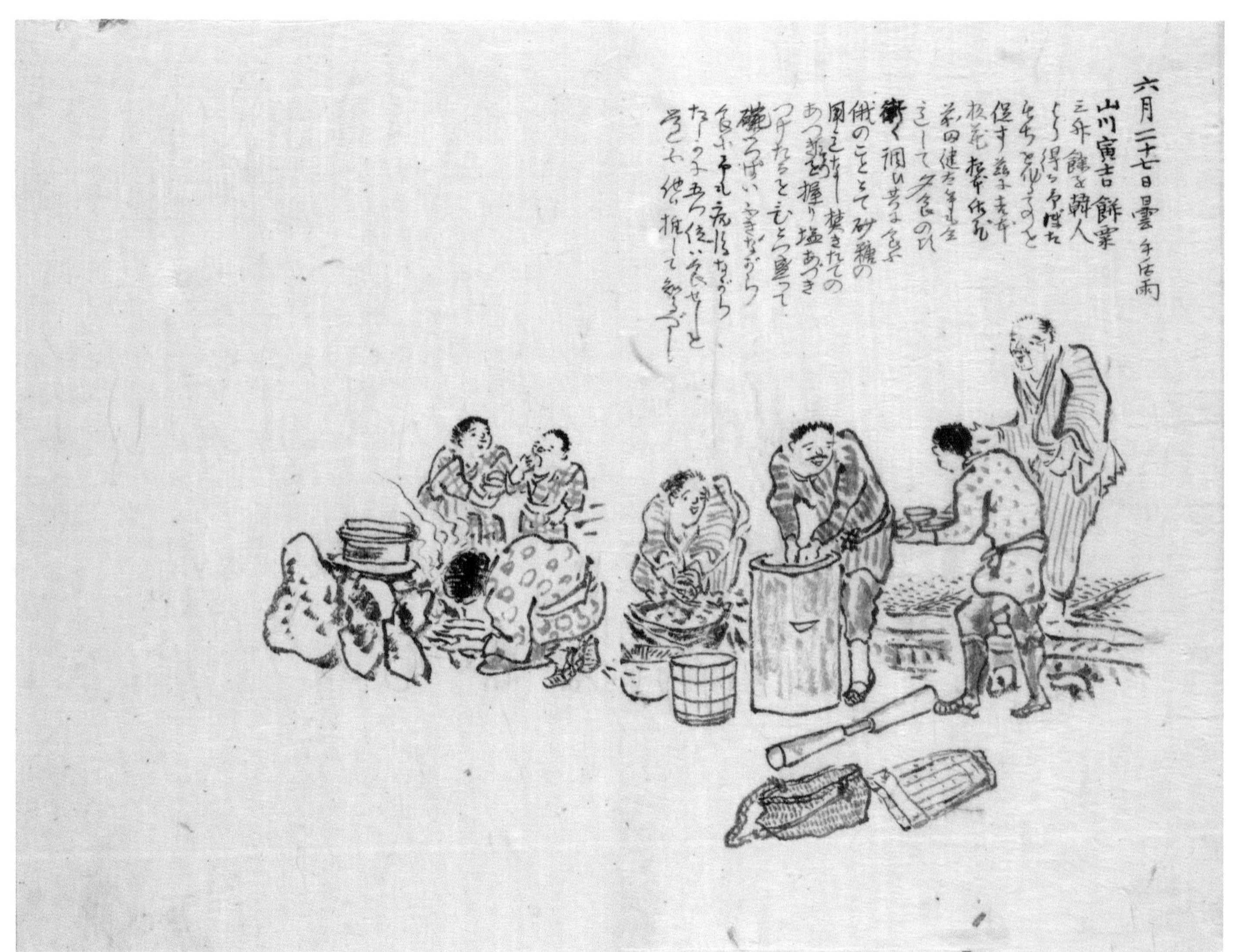
六月二十七日 曇 午后雨
山川寅吉餅業

六月二十七日 曇 午后雨 | 6월 27일 흐림 오후 비

山川寅吉餅粟三升餘を韓人より得る. 予ぼたもちを作る事を促す. 玆に吉本枚蔵、松本佐蔵、前田健太等も同意して夕食の頃漸調ひ共に食ふ. 俄のこととて砂糖の用意なし. 焚きたてのあつきものを握り塩あづきつけたるをひとつ盛って碗いっぱいふきながら食ふ. 予ハ病後ながらたしかに五つ位は食せしと思ふ. 他は推して知るべし.

야마카와 토라키치가 차조 3되(升) 남짓을 한국사람에게서 얻었다. 나는 이것으로 떡을 만들 것을 제안했다. 이에 요시모토 큐조, 마츠모토 사조, 마에다 켄타 등도 동의하여 저녁이 되어서야 가까스로 만들어 함께 먹었다. 갑자기 생긴 일이라 설탕을 준비 못하였다. 막 만든 뜨거운 떡을 잡고 짭짤한 팥에 찍은 것을 하나 들고 그릇에 옮겨 입으로 불면서 먹었다. 나는 병 뒤끝이지만 분명히 5개 정도는 먹을 수 있겠다고 생각했다. 다른 사람들은 [얼마나 먹을 수 있을지 말을 안해도] 쉽게 짐작할 수 있을 것이다.

June 27, cloudy and rain in the afternoon

Yamakawa Torakichi received a little more than 3 *sho* of sticky millet from the Koreans. I suggested making botamochi (millet cake). Yoshimoto Kyūzō, Matsumoto Sazō, Maeda Kenta, and others agreed, and we ate them together after finally getting them ready around dinner time. This happened unexpectedly, so we did not have any sugar. I held fresh-made hot mochi, which was dipped in salty red bean [sauce], put it in a bowl, and ate while blowing and cooling the mochi. Even though I was just recovering from my illness, I was able to eat at least five of them, I thought. One can naturally guess how many [others could eat].

버섯재배사업과 관련이 없는 에피소드를 그린 이 그림은 한국인들의 친절함 덕분에 일본 이주민들이 즐거운 시간을 보내고 있는 모습이 잘 표현되어 있다. 떡을 만드는 데 쓰는 절구와 절구공이 등의 기구들, 그리고 웃음이 깃든 사람들의 얼굴 표정이 그것을 잘 말해준다.

This non-business-related episode shows a modest yet genuinely pleasant time that the settlers had thanks to the Koreans' contribution. The presence of mochi-making instruments such as the *usu* (mortar) and *kine* (pestle) in the drawing, and the smiles on everyone's faces, attest to their fondness for mochi-making.

夫婦岩 | 부부암

Couple Rocks

牛岩 | 우암

Ox Rock

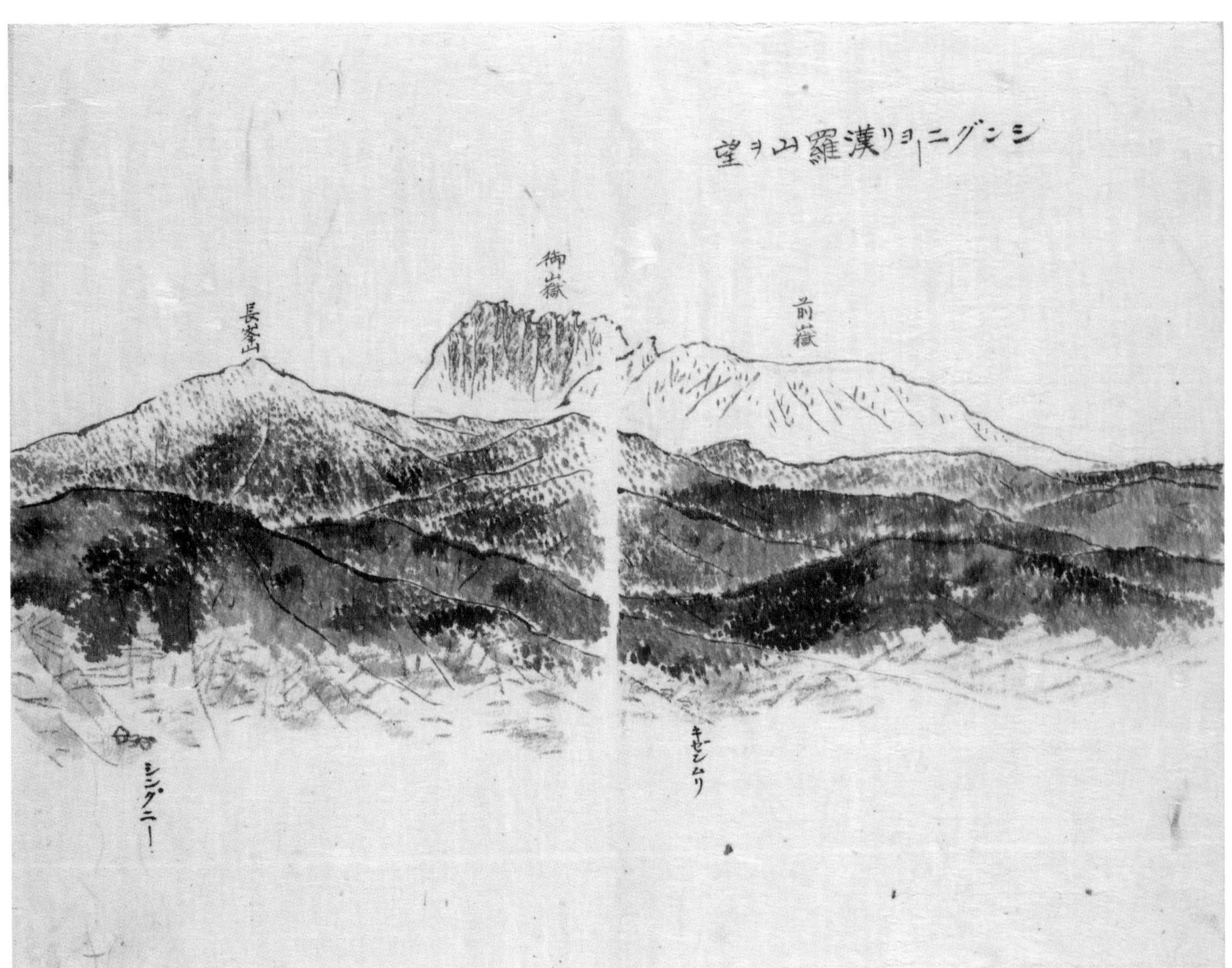
シングニーヨリ漢羅山ヲ望
御嶽
長峯山
前嶽
シングニー
キーセヒムリ

シングニーヨリ漢羅山ヲ望 | 신구니에서 한라산을 바라봄

[右上より時計の逆周りに] 前嶽, 御嶽, 長奉山, シングニー, キゼンムリ

[오른쪽 위에서 시계 반대 방향으로] 전악, 어악, 장봉산, 신구니, 기젠무리

View of Halla Mountain from Singuni

[From top right, counter-clockwise] Chŏn Peak, Ŏ Peak, Changbong Mountain, Singuni, and Kizenmuri

한라산 남쪽에서 바라본 한라산 전경이다. 오창명 교수에 따르면, 신구니는, "신근이" 또는 "신근이동산" 등으로 부르는 곳으로 서귀포시 공설공원묘지 부근으로 제2 사업지 얀구니와 이웃해 있는 곳이라고 한다. 이 "신근이" 북쪽에 1918년 지도에 표시되어 있는 토에이샤 제3 표고버섯재배장이 있었다. 기젠무리는 뒤에 나오는 기젠모리와 같은 곳으로 추정되는데 어느 곳을 가리키는지 알 수 없다. 100쪽의 그림과 비교하면 한라산 좀 더 가까이에서 그린 듯하다.

This is another panoramic view of Halla Mountain seen from its south. According to Professor O Ch'ang-myŏng, Singuni might refer to the area called "Sin'gŭni" or "Sin'gŭni tongsan (hill)" in the native Cheju dialect. It is next to Yanguni, the No. 2 business site, near Sŏgwip'o Public Cemetery. The No. 3 shiitake plantation site run by Tōeisha on the 1918 map was located to the north of this place. The identity of Kizenmuri, which might be the same place as Kizenmori several pages later, is unknown. Compared to the drawing in page 100, the author drew this one when he was closer to Halla Mountain.

平時の

平時の香(にほ)へ川 | 평상시의 니오에천

Nioe River in ordinary times

雨後の香つ川
には

雨後の香(にほ)へ川 | 비 온 후의 니오에천

Nioe River after rain

六月廿七日風雨
第壱班
字香谷ニ於て
雨中成熟の
蕈木を打ち
擲きて椎茸
の發生を
試む
岩屋

六月廿七日　風雨 | 6월 27일 비바람*

第壱班　字香谷に於て雨中成熟の蕈木を打ち擲きて椎茸の発生を試む

제1반 자향곡에서 비를 맞으며 성숙한 버섯균을 심은 나무를 두드려 쳐서 표고버섯의 발생을 시도했다.**

June 27, wind and rain*

Unit 1 attempts to stimulate the germination of the shiitake mushroom by beating the logs in which those spawn matured in the rain at Chahyang Valley.**

골목(蕈木)을 두드리는 이 과정은 균사를 활성화시켜서 버섯 발생을 촉발하는 과정인데 1333년 편찬된 왕젠(王禎)의 『농서(農書)』에도 소개된 방법이다.*** 이 방법 말고도 골목을 쓰러뜨리거나 침수시켜 발생을 촉발하는 방법도 있다. 보통 원목에 종균을 심은 후에 균사가 잘 발달하여 버섯이 발생하는 조건이 마련되기까지는 적어도 일년이 걸린다고 하므로 이 골목들은 전 해나 그 이전 해에 종균을 심은 골목들일 것이다. 현재 한 표고버섯 재배방법의 의하면, 종균을 심은 후에는 우물 정(井)자 모양으로 골목을 쌓아 온도와 습도를 잘 맞추면서 여러 번 뒤집어 주어 통풍을 돕고, 한 해가 묵어 버섯균사가 만연한 골목은 사진과 같이 세워놓아 버섯의 발생을 촉진하여 수확한다고 한다.

This is a process to stimulate the fruiting of shiitake by activating a thread-like network of mycelia (spawn-run), which was introduced as early as in the book *Agricultural Manual* (*Nong shu* 農書), compiled by Wang Zhen (王禎) in 1333.*** Other methods to force the growth of shiitake are to knock down logs or soak logs in water. In general, it takes at least a year for the mycelia to initially colonize the logs and be ready for mushroom production. Therefore, the logs beaten at this time must have been those prepared the year before or even earlier. In accordance with a present-day method of growing shiitake, logs infused with spawn are loosely crib stacked, turned over several times for better air circulation, and kept under proper temperature and humidity. In the next year, when expecting mushroom production, logs are placed upright on end like the ones in the photo.

비닐하우스에 세워놓은 골목

Logs Placed Upright Inside Greenhouse****

* 앞서 떡을 만들어 먹은 날도 같은 날이다.
There is another entry for the same day a few pages before, when the group made mochi.

** 일본에서 장소를 지칭하는 단어로 "자향"은 예외적이다. 일본어 발음은 "지카타니" 또는 "지코우야"이다.
"字香" as a place name is not common in Japan. Its Japanese pronunciation can be either "Jikatani" or "Jikouya."

*** 김선주, 「버섯 이야기」 참조.
See Kim Sun Joo, "A Mushroom Talk," included in the present volume.

**** 이 사진은 서귀포시 대천동 산3-1에 위치한 표고버섯농장에서 찍은 것이다.
The photo was taken from a shiitake farm located in san 3-1, Taech'ŏn-dong, Sŏgwip'o City.

七月四日　細雨 | 7월 4일 보슬비

試験の蕈木に付椎蕈の数を調査す

시험한 나무에 붙은 어린 버섯의 숫자를 조사했다.

July 4, drizzling

[We] counted the number of shiitake buds on the testing log.

七月九日　雨 | 7월 9일 비

椎茸爐火にて乾す

표고버섯을 불에 말렸다.

July 9, rain

Drying shiitake mushrooms on the fire.

ペンドチンバヨリ漢羅山ヲ望
前嶽

ペンドチンバヨリ漢羅山を望 | 펜도친바에서 한라산을 바라봄

前嶽

전악

View of Halla Mountain from Pentochinba

Chŏn Peak

サンドラフ

サンドラク | 산도라쿠

Sandoraku

天狗岩 | 천구암

Long-Nosed Rock (Tengu iwa)

三香滝 | 삼향폭포

Three Fragrant Waterfalls (Sankō no taki)

御嶽
前嶽
キゼンモリ
ヨリ漢羅山
ヲ望

キゼンモリヨリ漢羅山を望 | 기젠모리에서 한라산을 바라봄

前嶽, 御嶽

전악, 어악

View of Halla Mountain from Kizenmori

Chŏn Peak, Ŏ Peak

一の橋

一の橋 | 첫 번째 다리

Bridge No. 1

七月二十四日　雨 | 7월 24일 비

July 24, rain

한 인부가 자기 손바닥보다 큰 버섯을 두 사람에게 보여주고 있는데 이것을 본 두사람이 경이로워하는 모습이 역력하다. 버섯을 들고 있는 사람은 머리 모양으로 볼 때 여성인 것 같은데 웃옷을 입고 있지 않다. 더운 여름인데 그림에 나오는 대부분의 인물들이 긴 옷을 입고 있는 것과 대조적이다. 다음 그림은 두 사람이 버섯을 채취하는 모습을 담고 있다.

A worker shows a huge shiitake, much bigger than her hand, to the two men, who view it with awe. The person who is holding a mushroom seems to be a woman when considering her hair style, but she is not wearing her shirt. This is contrasting to most other people in the drawings who are wearing a long-sleeve garment during the hot summer season. In the next drawing, the two men are picking mushrooms.

八月八日　曇后雨 | 8월 8일 흐리고 오후에 비

August 8, cloudy, rain in the afternoon

雨後の秀雄川
稲荷滝

雨後の秀雄川　稲荷滝 | 비 내린 후 히데오천과 이나리폭포

Hideo River and Inari Waterfall after rain

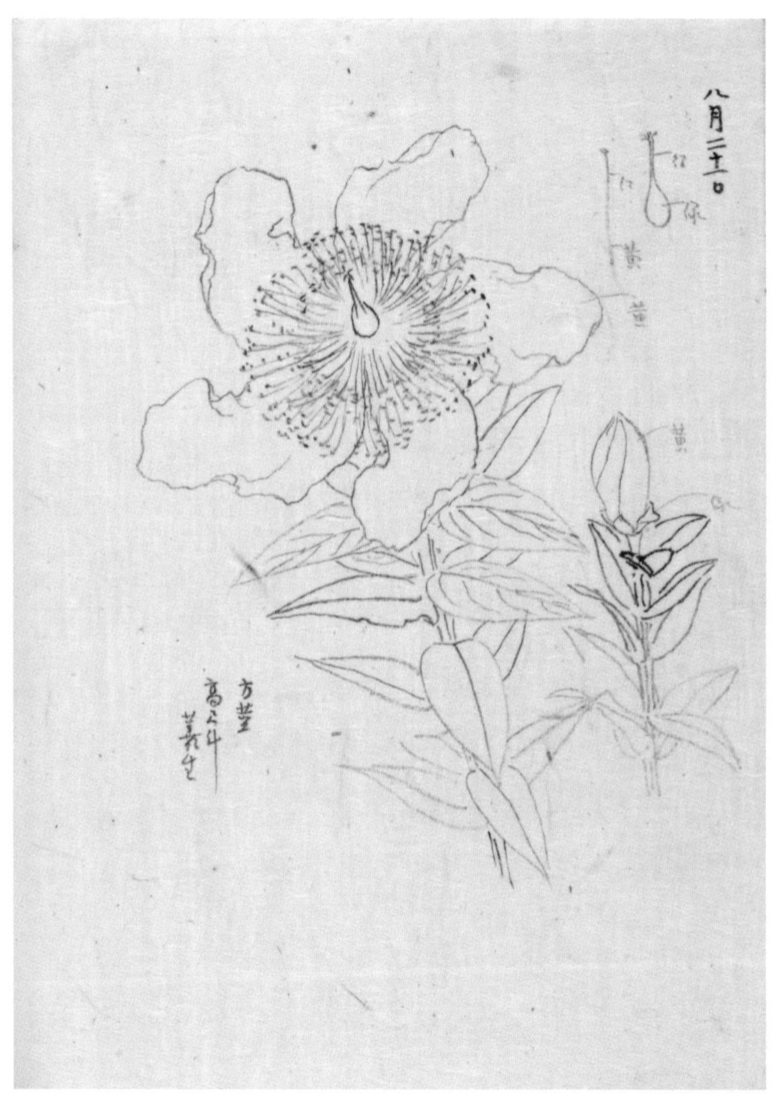

八月二十一日 | 8월 21일

紅 綠 黃
方茎
高み斗叢生

붉은색 녹색 노란색
각진 줄기
고산지대에서 [자생] 무더기로 자람

August 21

Red, green, yellow
Square-shaped stems
[Grows] at high altitudes and gregariously

이 식물은 세인트 존스워트(hypericum)의 일종인 물레나물로 보인다. 줄기가 네모진 것이 특징이다. 한반도와 일본에서 널리 자생한다.*

The flower illustrated here may well be Giant St. John's Wort, a variety of St. John's Wort (hypericum). The square-shaped stems are one of its characteristics. It grows well throughout Korea and Japan.*

* 큐슈(九州)대학의 나카노 히토시(中野等)교수, 교토(京都)대학의 타니가와 유타카 (谷川穣)교수, 그리고 후미코 크렌스턴(Fumiko Cranston) 여사가 텍스트 판독을 도와주었다.
Professor Hitoshi Nakano of Kyushu University, Professor Yutaka Tanigawa, Modern Historian of Kyoto University, and Mrs. Fumiko E. Cranston helped us in deciphering this journal entry.

八月二六日 | 8월 26일

夜暴風雨あり

밤에 폭풍우가 있었다.

August 26

Rain and wind storm at night

八月二十九日
ユンシリ五百岩見物

八月二十九日 | 8월 29일

ユンシリ五百岩見物

윤시리(영실) 오백암 구경

August 29

Sightseeing at Five Hundred Rocks in Yunsiri (Yŏngsil)

윤시리는 한라산의 서쪽에 있는 영실(靈室)을 이르는 것임이 분명하다. 이곳에서부터 한라산을 등반하면 저자가 오백암이라고 명명한 영실기암, 오백장군암, 또는 오백나한이라고 부르는 곳을 감상할 수 있다. 이 그림과 다음 세 장의 그림을 보면 후지타 칸지로와 저자는 한국인 안내자이자 짐꾼, 그리고 두 마리의 개와 함께 영실탐방로를 이용하여 한라산을 등정하였음을 알 수 있다. 현재 영실탐방로는 해발 1280m에서 시작하고 여기서 1.5km를 올라가면 병풍암에 이른다. 다음 그림 왼쪽 끝에 수직으로 그려진 암벽이 병풍암인 듯하다. 병풍암에서 윗세오름대피소를 거쳐 4.3km를 올라가면 남벽분기점에 이르는데 이곳에서 한라산 남쪽 서귀포쪽으로 난 등산로가 돈내코탐방로이다. 돈내코탐방로의 출발점이 바로 앞서 언급한 서귀포시 공설공원묘지 부근으로 제2호 재배장 얀구니가 있던 지역이다. 윗세오름대피소에서 남벽분기점까지의 남벽순환로는 고도차가 거의 없는 고산 평원이지만 138쪽의 그림에서 잘 표현했듯이 한쪽으로는 깎아지른 수직절벽인 한라산 정상의 남벽을 대하게 된다.*

Yunsiri refers to Yŏngsil (靈室) on the western side of Halla Mountain. By climbing Halla Mountain using the hiking trail starting from Yŏngsil, one can enjoy the splendid sight of the Fantastic Rocks of Yŏngsil, also knowned as Five Hundred Generals Rocks, or Five Hundred Arhats, which the author calls simply Five Hundred Rocks. This as well as the next few drawings show that the two Japanese visitors, Fujita Kanjirō and the author, accompanied by a Korean guide-cum-porter and two dogs, climbed Halla Mountain all the way to its top via Yŏngsil Hiking Trail. Today, Yŏngsil Hiking Trail, located 1,280 meters above sea level, is 1.5 kilometers away from Folding Screen Rocks, which seem to be depicted with vertical lines on the left in the next drawing. From Folding Screen Rocks to South Wall Fork via Witse Orŭm Shelter is 4.3 kilometers. From South Wall Fork, Tonnaek'o Hiking Trail goes southward to Sŏgwip'o City. The entrance to Tonnaek'o is near the Sŏgwip'o City Public Cemetry mentioned earlier, the area where the No. 2 plantation site Yanguni was. The trail between South Wall Fork and Witse Orŭm Shelter is mostly flat plains, but on one side is the vertical southern cliff surrounding the Paengnok Crater Lake, as quite realistically portrayed in the drawing found page 138.*

* 영실탐방로와 돈내코탐방로를 포함한 5개의 한라산 탐방로는 다음 지도를 참조: http://www.hallasan.go.kr/hallasan/map/english.html?sso=ok (2014년 5월 15일 접속).
For a map of five hiking trails to Halla Mountain, including Yŏngsil and Tonnaek'o trails, see: http://www.hallasan.go.kr/hallasan/map/english.html?sso=ok (accessed on May 15, 2014).

ユンシリ五百岩

ユンシリ五百岩 | 영실 오백암

Five Hundred Rocks in Yŏngsil

병풍암 Folding Screen Rocks

영실 오백장군암 Five Hundred Generals Rocks at Yŏngsil

躑躅の嶺より
漢羅山を望

躑躅の嶺より漢羅山を望 | 진달래밧에서 한라산을 바라봄*

View of Halla Mountain from Azalea Pass*

이 그림은 한라산 정상 백록담의 남벽을 그린 듯하다.

This drawing seems to depict the southern side of the crater of Halla Mountain.

* 한라산 정상 남벽 사진은 다음 웹사이트 참조: http://www.hallasan.go.kr/ (2014년 5월 15일 접속). For a photographic view of the southern side of Halla Mountain, see http://www.hallasan.go.kr/ (accessed on May 15, 2014).

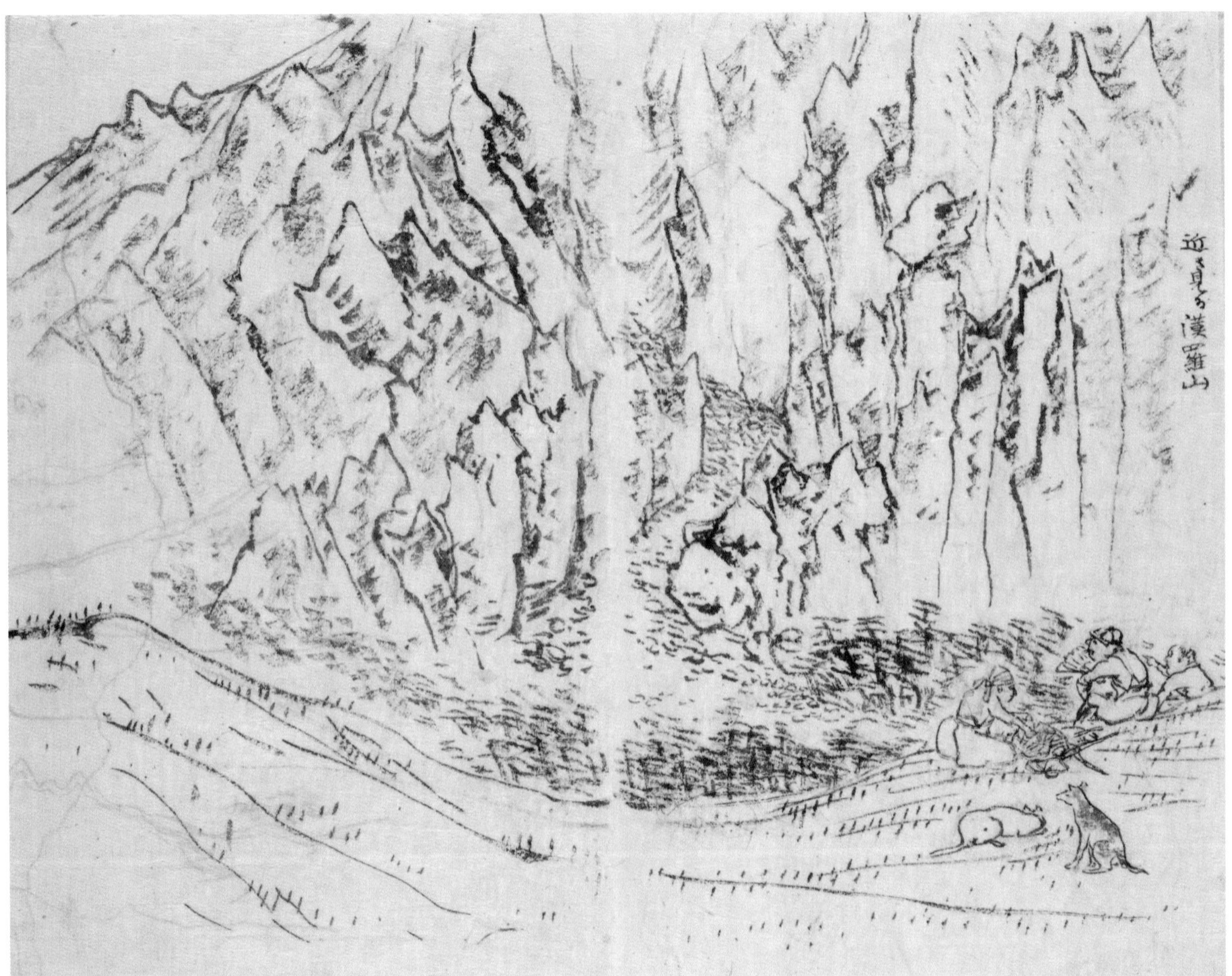
近く見る漢羅山

近く見る漢羅山 | 가까이에서 본 한라산

Close view of Halla Mountain

九月一日
稻荷橋
俊功

九月一日 | 9월 1일

稲荷橋俊[竣]功

이나리 다리 준공

September 1

The construction of Inari Bridge completed

이 다리는 엉성해 보이지만 표고버섯 재배사업을 수행하는 데 중요한 기반 시설이 되었을 것이다.

This bridge, although primitive, must have been an essential structure for the shiitake cultivation business.

九月二日第二三班
椎茸採收及乾燥

九月二日 | 9월 2일

第二班三班　椎茸採集及乾燥

제2반과 3반 표고버섯 채집과 건조

September 2

Units 2 and 3 harvested and dried mushrooms

九月七日小雨
第三班字初出
椎茸採收

九月七日　小雨 | 9월 7일 비가 조금 내림

第壱班字初出椎茸採集

제1반 초출 표고버섯 채집

September 7, drizzling

Unit 1, first harvest of shiitake mushrooms

이 그림의 제1반과 앞그림의 제2반, 제3반은 앞서 언급한 제1, 2, 3호 표고버섯 재배장을 가리키는 듯하다.

Unit 1 here, and Units 2 and 3 in the previous drawing, seem to refer to the No. 1, 2, and 3 plantation sites, respectively.

九月八日雨
第々班椎
蕈乾燥

九月八日　雨 | 9월 8일 비

第壹班椎茸乾燥

제1반 표고버섯 건조

September 8, rain

Unit 1, drying shiitake mushrooms

濟州嶋旅行日誌 第三卷

제주도 여행일지 제3권

九月十一日 強雨
哈佛大學漢和
圖書館珍藏印

九月十一日　強雨 | 9월 11일 폭우

第壱班を去り城内に戻る

제1반을 떠나 성 안으로 돌아갔다

September 11, heavy rain

[We] left Unit 1, and returned to the county seat

雨中岩屋に食事す

雨中岩屋に食事す | 비 오는 중에 동굴에서 식사하였다

Meal inside a cave during rain

제주도는 화산섬으로 적어도 171개의 동굴이 있다.*

Being a volcanic island, there are at least 171 caves all over Cheju Island.*

* 제주도지편찬위원회, 『제주도지』 (제주시: 제주도, 2006), 1권 83쪽.
See Cheju toji p'yŏnch'an wiwŏnhoe, ed., *Cheju toji* [Gazetteer of Cheju] (Cheju-si: Cheju-do, 2006), vol. 1: 83.

九月十三日曇
椎茸荷作木
浦輸送

九月十三日　曇 | 9월 13일 흐림

椎茸荷作木浦輸送

표고버섯을 포장하여 목포로 수송하다.

September 13, cloudy

Packing shiitake mushrooms to transport them to Mokp'o

九月十三日
城内と

九月十三日 | 9월 13일

城内を辞去

성 안에서 떠났다.

September 13

Leaving [Cheju] county seat

이 그림에서 보면 한 사람은 떠나고, 다른 한 사람은 전송을 하고 있다. 제주도를 떠나는 사람은 저자이고 머무는 사람은 후지타 칸지로인 듯하다. 9월 17일자 그림에 저자와 나가이(永井) 두 사람이 그려져 있는 것도 이것을 확인해 준다.

The departure scene shows that one person is leaving while the other sees him off. It seems that only the author leaves Cheju while Fujita Kanjirō stays in Cheju. The next scene, on September 17, which depicts only two men—the author and Mr. Nagai—also confirms this.

九月十七日晴午后二時
木浦来船永井氏別離
九月十八日午后九時釜山出帆
夜風雨玄海波立つ

九月十七日　晴　午后二時 | 9월 17일 맑음 오후 2시

木浦乗船　永井氏別離

목포에서 승선 나가이씨와 이별

September 17, sunny, 2 p.m.

Boarding a ship from Mokp'o and bidding farewell to Mr. Nagai

九月十八日　午后九時 | 9월 18일 밤 9시

釜山出航夜風雨玄海波立つ

부산 출항. 밤에 비바람. 현해탄(조선해협)에 파도가 인다.

September 18, 9 p.m.

Departure from Pusan. Wind and rain at night; waves rising in the Genkai [Korea-Japan] Strait.

九月十九正午 馬関に入了
門司もしけの雑踏

九月十九　正午 | 9월 19일 정오

馬関に入る 門司はしけの雑踏

바칸(시모노세키)에 들어가다. 하시케(짐을 실어 나르는 작은 배)들로 혼잡한 모지항.

September 19, noon

Entering Bakan (Shimonoseki). Crowded with *hashike* boats (small boats that transport cargos) in Moji Port.

九月廿一日
高濱湊着
藤田老人の
出迎を受く

九月廿一日 | 9월 21일

高濱湊着 藤田老人の出迎を受く

다카하마항 도착. 후지타 노인의 환영을 받다.

September 21

Arrival at Takahama Port [in Ehime Prefecture]. Receiving Elder Fujita's welcome.

마츠야마에서 『제주도여행일지』의 저자를 맞이하는 후지타 노인은 6월 7일 제주도에서 일본으로 돌아간 후지타 노인과 같은 인물일 것이다. 앞 그림에 등장했던 후지타 칸지로는 에히메현(愛媛県)의 마츠야마(松山)에 있는 이시테지(石手寺) 근처에 거주하였었다. 앞서 추정했듯이 후지타 노인과 후지타 칸지로는 가까운 친척 사이인 듯하다. 아마 후지타 노인이 후지타 칸지로의 부친일 가능성이 크다. 저자는 마츠야마에 약 일주일간 머물면서 이시테지를 비롯한 사적지를 구경하고 유명한 온천에서 목욕을 하면서 지내다가 9월 27일 그곳을 떠났다.

Elder Fujita, who hosted the author of this *Travelogue* in Matsuyama, is likely the same person who departed for home on June 7. Fujita Kanjirō, who was a pioneer of the shiitake plantations on Cheju Island and who also appears in the earlier drawings, had a residence near Ishite-ji Temple in Matsuyama, Ehime Prefecture. So, again, Elder Fujita and Fujita Kanjirō may have been related. We might even speculate that Elder Fujita was Fujita Kanjirō's father. The author stayed in Matsuyama for about a week, visiting historical sites including Ishite-ji Temple and enjoying a bath at a famous hot spring, before leaving on September 27.

松山滞在

松山滯在 | 마츠야마에 체재

Stay at Matsuyama City

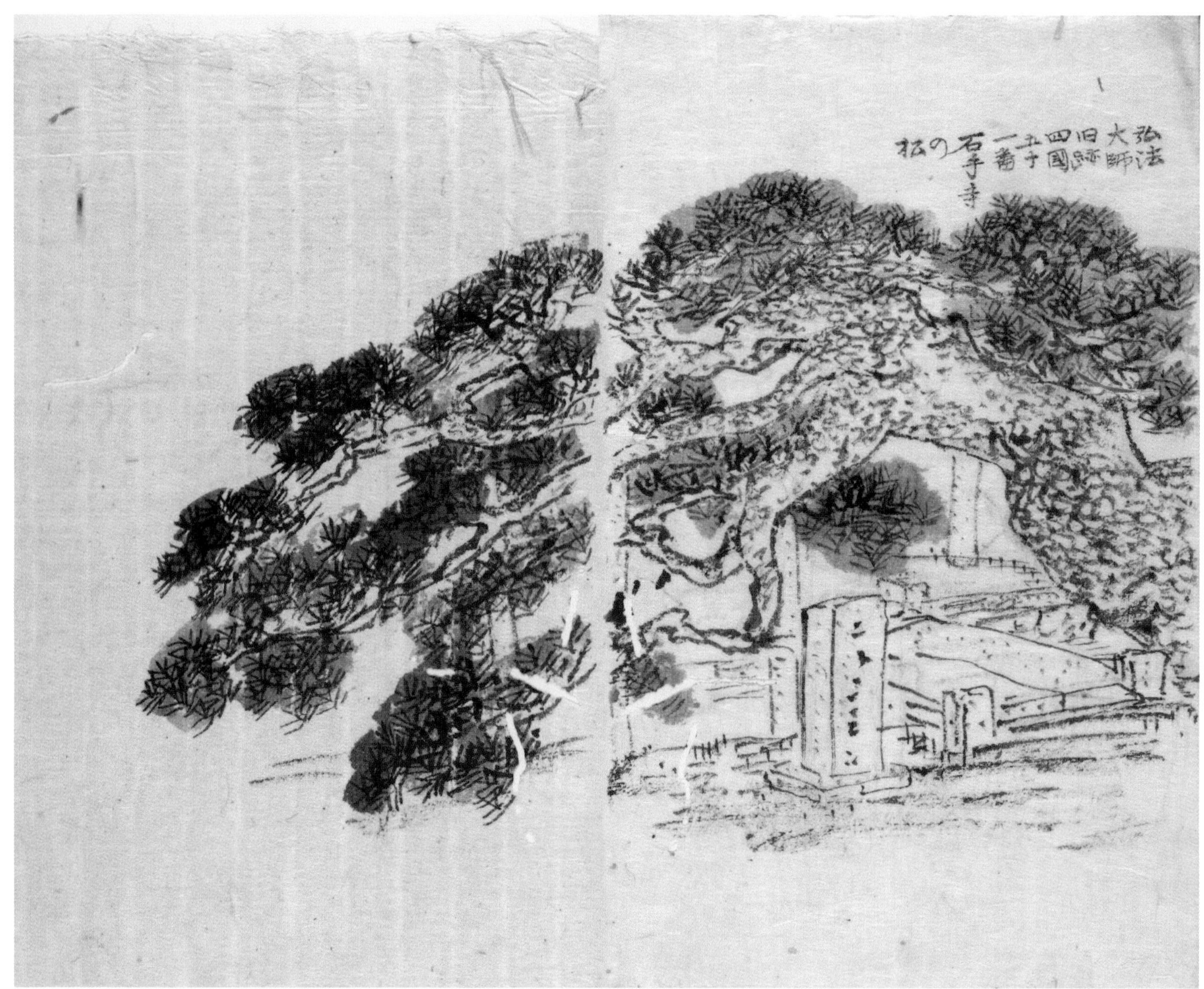
弘法大師旧跡
四國五十一番
石手寺の松

弘法大師旧跡　四国五十一番　石手寺の松 | 코보 대사 유적. 시코쿠 51번 이시테지의 소나무

The pine tree of Ishite-ji Temple, which is the 51st temple [of 88 pilgrimage sites] in Shikoku and known for Grand Master Kōbō's visit.

큐카이(空海 774~835)로도 잘 알려져 있는 코보 대사는 일본의 밀교종인 진언종(眞言宗)의 창시자이다. 813년에 이시테지에 방문했다고 한다.

Grand Master Kōbō, also known as Kūkai (空海, 774~835), was the founder of the Shingon sect (眞言宗) of Japanese esoteric Buddhism. He is said to have visited Ishite-ji in 813.

道後溫泉

道後温泉 | 도고온천

Dōgo Hot Spring

마츠야마시에 있는 도고온천은 일본에서 가장 오래된 온천으로 알려져 있다. 도고온천과 관련된 많은 신비한 전설이 있는데, 일본천황가의 방문과 같은 것이다. 예를 들면 596년 쇼토쿠태자(聖德太子)가 방문했다는 기록이 720년 편찬된 『일본서기(日本書紀)』 등 고대기록에 나온다.

Dōgo Hot Spring is in Matsuyama City and known to be the oldest hot spring in Japan. Mythical stories associated with Dōgo Hot Spring, including several imperial visits, such as one by Prince Shotoku in 596, are found in *Nihon shoki*, the official chronicle of Japan compiled in 720, and other ancient texts.

越智氏を見る
の松

越智氏の松を見る | 오치씨의 소나무를 보다

Appreciating Mr. Ochi's [bonsai] pine trees

九月二十七日
松山と辞す

九月二十七日 | 9월 27일

松山を辞去

마츠야마를 떠나다

September 27

Departure from Matsuyama City

저자의 여행경로와 활동 사항 Author's Itinerary and Activities

날짜 Date	날씨 Weather	활동사항 Activities
5월10일	비 rain	도쿄에서 송별회 Farewell Party in Tokyo
5월14일		신바시 출발 Departing Shinbashi Station
5월17일		히로시마 Hiroshima
5월18일	맑음 sunny	이츠쿠시마신사 참배; 이와소여관에서 식사 Visiting Itsukushima Shrine; a meal at the Iwaso Inn
5월18일(?)		시모노세키정류장 Shimonoseki Station
		부관연락선 에게산호 승선 Taking the *Egesan-maru* ferryboat to Pusan
		부산에서 목포까지 배로 여행 Traveling from Pusan to Mokp'o via ship
		목포에서 제주도까지 배로 여행 Traveling from Mokp'o to Cheju Island via ship
		제주부 구경 Sightseeing around Cheju county
6월 2일	흐림 cloudy	사업지로 출발 Heading to the business sites
6월 2일		제1호 사업지 도착; 저녁식사와 목욕 Arriving at No. 1 business site; having dinner and taking a bath
6월 3일	맑음 sunny	제1호 사업지 조사 Surveying No. 1 business site
6월 4일	맑음 sunny	제2호 사업지 도착 Arriving at No. 2 business site
6월 5일	약간 맑음 partly sunny	제2호 사업지 조사 Surveying No. 2 business site
6월 6일	맑음 sunny	제3호 사업지 도착과 조사 Arriving at No. 3 business site and surveying the site
6월 7일	약간 맑음 partly cloudy	후지타 노인이 떠남 Departure of Elder Fujita
6월 7일	맑음 sunny	표고버섯 종자 제조 Manufacturing shiitake mushroom spawn
6월 8일	흐림 cloudy	저자 발병 Author's illness
6월14일	맑음 sunny	산신제를 지내고 잔치를 베풂 Offering a ritual to the mountain deity and throwing a banquet
6월15일	맑음 sunny	건조장을 지음 Building a drying station
6월16일	맑음 sunny	종자 파종 Planting spawn

6월27일	흐리다 비 cloudy, then rain	떡을 만들어 먹음 Making mochi
6월27일	비바람 rain and windy	나무를 두드려 표고버섯 발생을 시도함 Stimulating germination of the shiitake mushrooms by beating the logs
7월 4일	보슬비 drizzling	시험한 나무에 붙은 어린 버섯 수를 조사 Counting mushroom buds that appeared on the testing logs
7월 9일	비 rain	버섯 건조 Drying mushrooms
		유람 Sightseeing
7월24일	비 rain	유난히 큰 버섯 구경 Seeing a big mushroom
8월 8일	흐리다 비 cloudy and rain	버섯 생장 관찰 Checking on mushrooms
8월21일		꽃 관찰 Observation of a flower
8월26일	폭풍우 rain and wind storm	
8월29일		오백암 유람과 한라산 등정 Sightseeing at Five Hundred Rocks and then climbing Halla Mountain
9월 1일		이나리 다리 건설 Construction of the Inari Bridge
9월 2일		제2와 3반 버섯 채집 및 건조 Units 2 and 3, picking and drying mushrooms
9월 7일	약간의 비 drizzling	제1반 초출 표고버섯 채집 Unit 1, first harvest
9월 8일	비 rain	제1반 버섯 건조 Unit 1, drying mushrooms
9월11일	폭풍우 heavy rain	제주 성 안으로 돌아감 Departing to the county seat
9월13일	흐림 cloudy	버섯 포장하고 제주를 떠남 Packing mushrooms and leaving Cheju
9월17일	맑음 sunny	목포 출발 Leaving Mokp'o
9월18일	밤에 폭풍우 storm at night	부산 출발하여 현해탄(조선해협)을 건넘 Leaving Pusan and crossing the Korea-Japan Strait
9월19일		시모노세키 도착 Arriving in Shimonoseki
9월21일		다카하마항에 도착하여 후지타 노인과 재회 Arrival at Takahama Port and reunion with Elder Fujita
9월27일		마츠야마를 떠남 Leaving Matsuyama

저자의 여행 경로 Author's Itinerary

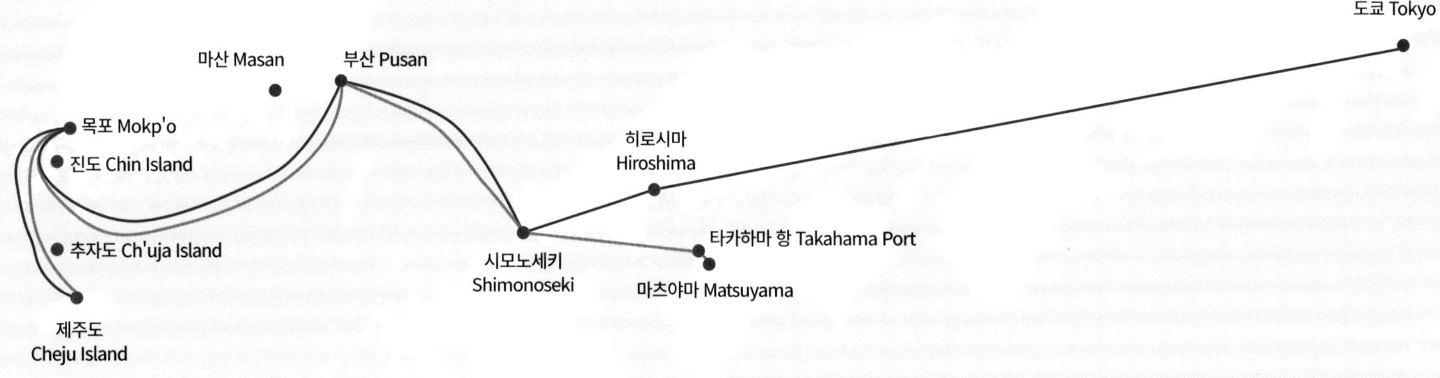

From Japn to Cheju Island

From Cheju Island back to Japan

제주도 Cheju Island

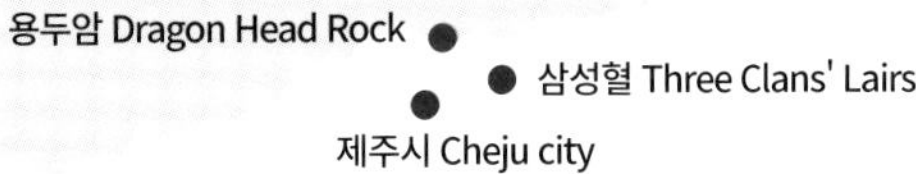

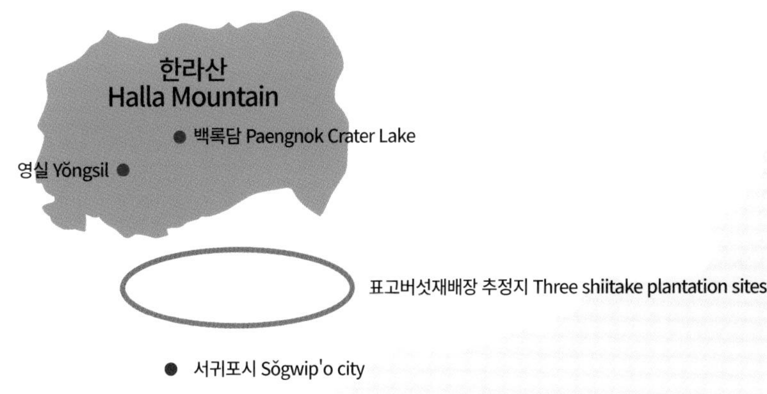

濟州嶋旅行日誌 附錄

제주도여행일지 부록

農家婦女子
哈佛大學漢和圖書館珍藏印

農家婦女子 | 농가의 부녀자

Female farmers and children

물건이 담긴 바구니를 어깨에 메고 있는 왼쪽의 여자는 일하기 편하게 머리를 수건으로 감싸고 바지는 밑을 동여맸다. 다른 한 여자는 바구니를 옆구리에 끼고 있는데 따올린 머리를 하고 치마를 입고 비올 때 신는 나막신을 신고 있다. 뒤에 있는 아이는 동생으로 보이는 아기를 업고 손에는 체를 들고 있다.*

The woman on the left, who has slung a basket over her shoulder, uses a hair scarf to keep her hair tidy during her work and wears a pair of pants that are tied around her legs for work. The other woman, who carrys a basket under her arm, has a braided updo and wears a skirt and the wooden shoes (*namaksin*) that are worn on rainy days. The child in the back carries another younger child on her back and holds a sieve (*ch'e*).*

* 농기구와 가재도구에 관한 정보는 대부분 김선주가 2015년 4월 제주민속촌을 답사할 때 조사한 것이고, 다음 제주민속촌 웹사이트도 참고하였다: http://www.jejufolk.com/html/04_data/03_folk.aspx (2015년 5월 접속).
Most of the information on agricultural and household tools was gathered during Kim Sun Joo's visit to Cheju Folk Village in April 2015, and supplemented with information found at the Cheju Folk Village website: http://www.jejufolk.com/html/04_data/03_folk.aspx (accessed in May, 2015).

麦九

麦九 | 보리 9

粣摺

매갈이 (조미)

Barley 9

Hulling

여기 나오는 글자 "맥(麦)"은 제주의 주요 작물인 보리라고 보았다. 이 그림부터 다음에 나오는 그림들은 순서대로는 아니지만 보리의 경작 과정을 그린 것이다. 보리는 가을에 씨를 뿌리고 늦봄에 수확을 하는데, 저자는 6월부터 9월까지 제주도에 머물렀으므로 이 경작 과정에 관한 대부분의 그림들은 저자가 몸소 관찰한 것을 그린 것이라기보다는 상상에 의거하여 그린 것이다. 그림에 의하면 보리 농사는 가족이나 작은 그룹 단위로 행해졌음을 알 수 있다. 이 그림은 연자방아(연자매)를 이용하여 보리를 찧는 모습이다. 연자방아는 보통 짐승의 힘을 이용했다고 하는데, 여기서는 한 남자가 방아를 돌리고 있다. 그러나 뒷편에 소가 대기하고 있는 것으로 보아 소를 이용하기도 했음을 암시한다. 뒤에 있는 여자는 짐바구니를 등에 메고 작업복 차림이다. 앞에 있는 남자는 상투를 틀고 밭을 갈거나 골을 탈 때, 혹은 흙을 올려주는데 쓰는 괭이를 어깨에 메고 있다.

The character "麦" here is read as barley, which was one of the major grains cultivated on Cheju Island. This and subsequent drawings depict the cycle of barley cultivation, but not in its temporal order. Barley, a winter crop, is sown in late fall and harvested in late spring. Since the author stayed on Cheju Island only from June to September, most of these drawings are not based on his personal observation but are from his imagination. The drawings show that most of the farming was done by a family or a small group.

This drawing features a millstone (*yŏnja panga* or *yŏnjamae*), a hulling device. Animals such as oxen or horses would be usually used to turn the millstone, but here a man is working it. The ox visible behind the millstone, however, seems to suggest that the animal is there for the job. The woman in the back, wearing working clothes, is carrying a large basket on her back. The man in front with a traditional topknot carries a mattock (*kwaengi*), a tool used for plowing, furrowing, or piling earth up into a small mound.

麥十
糠除
輕風
麥粒
洗玉
黍紅
色榔

麦十 | 보리 10

糠除
輕風麦粒洗玉黍紅毛櫛
보리 까부르기
가벼운 바람에 보리알은 씻기고
옥수수 붉은 수염은 실빗처럼 날린다

Barley 10

Winnowing
Light wind blows away barley chaff
Red cornsilk waves like a fine-toothed comb

땅바닥에 수확에 쓰이는 두 가지 기구가 그려져 있다. 왼쪽의 것이 도리깨로서 곡식의 낟알을 떨어내는데 쓰는 농기구인데 긴 막대기 한쪽 끝에 곧고 가느다란 나뭇가지 몇 가지를 달아매어 만든다. 오른쪽의 것은 키로 곡식에 섞인 티끌이나 검불 등을 골라낼 때 사용한다. 왼쪽의 여자는 가볍게 부는 바람을 이용해 검불을 골라내고 있다.

There are two agricultural tools on the ground. The one on the left is a flail (*torikkae*) for threshing. It is made of a long stick of wood with several slim, straight tree branches attached to one end of the stick. The tool on the right is a winnow (*k'i*), which is used to separate dirt and chaff from the grain. The woman on the left simply uses a light wind to blow away the chaff.

表十一
麦擣
弦月羅細枝
擣歌留聲和

麦十一 | 보리 11

麦搗
弦月罹細枝 搗歌笛聲和

보리 찧기
초승달은 가느다란 가지에 걸리고
보리 찧을 때 부르는 노래는 피리소리와 어울린다

Barley 11

Pounding
Crescent moon hanging on delicate branches
Song of pounding barley blends with the sound of a flute

연자방아에 찧은 곡물에서 검불을 골라낸 다음 남방애를 이용하여 보리 껍질을 벗기는 작업이다. 남방애는 큰 통나무를 함지모양으로 파고 가운데에 방아확을 박은 일종의 절구다. 곡물을 돌절구 안에 넣고 나무공이로 찧으면 껍데기는 나무통 가장자리로 비켜나오고 곡물알갱이는 돌절구 안에 남게 된다.

After hulling and winnowing, the grain is pounded using a tool called a *nambangae* (or *nambanga*), which is a large mortar. It was made by hollowing a log into a large flat bowl and inserting a stone mortar in the middle. Grains are placed inside the mortar and pounded with a wooden pounder. The husks, which are light, collect in the wooden bowl, while the husked grain stays inside the mortar.

농기구들이다. 이름이 확인된 것들은 다음과 같다.

1. 외따비(웨따비)
2. 도끼
3. 지게
4. 호롱이(호랭이): 초가지붕을 단단히 묶어주는 "집줄"을 만드는 데 사용하는 기구
5. 낫: 추수할 때나 풀을 벨 때 사용하는 기구
6. 골갱이(골겡이, 호미)
7. 괭이
8. 쇠스랑(쉐스랑, 쉐스렁)
9. 산태
10. 마께(덩드렁마께): 거친 짚을 "덩드렁"이라고 불리는 받침돌 위에 올려놓고 두드리는 방망이
11. 곡자귀: 나무를 찍어서 깎는 도구로 도끼날이 세로인데 비해 이것은 가로날이다
12. 쟁기(장기, 잠데)

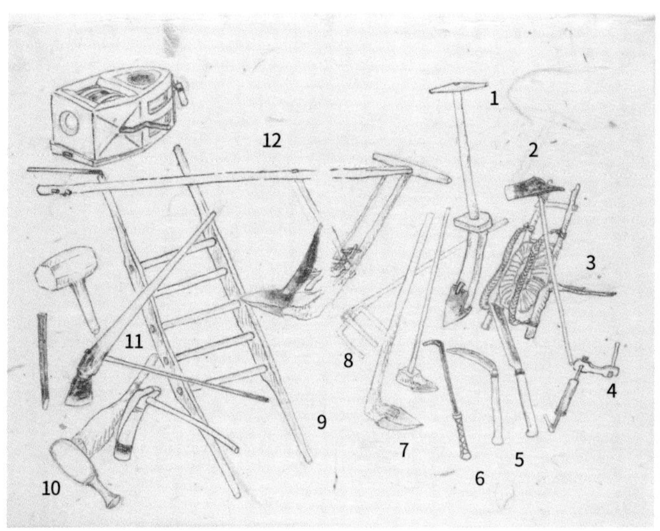

This is a collection of tools used in agriculture. Those identified are:

1. Weeder plow
2. Axe
3. A-frame pack frame
4. *Horongi* (or *horaengi*): a tool to make the "roof rope" that was used to secure a thatched roof
5. Sickle: a tool to cut grain or weeds
6. Weeding hoe
7. Mattock
8. Hayfork
9. Handbarrow
10. Wooden bat: a bat used to beat straw that is placed on top of a flat stone called a "*tŏngdŭrŏng*"
11. Adze: a tool used for smoothing and carving wood, similar to an axe but with the cutting edge perpendicular to the handle
12. Plow

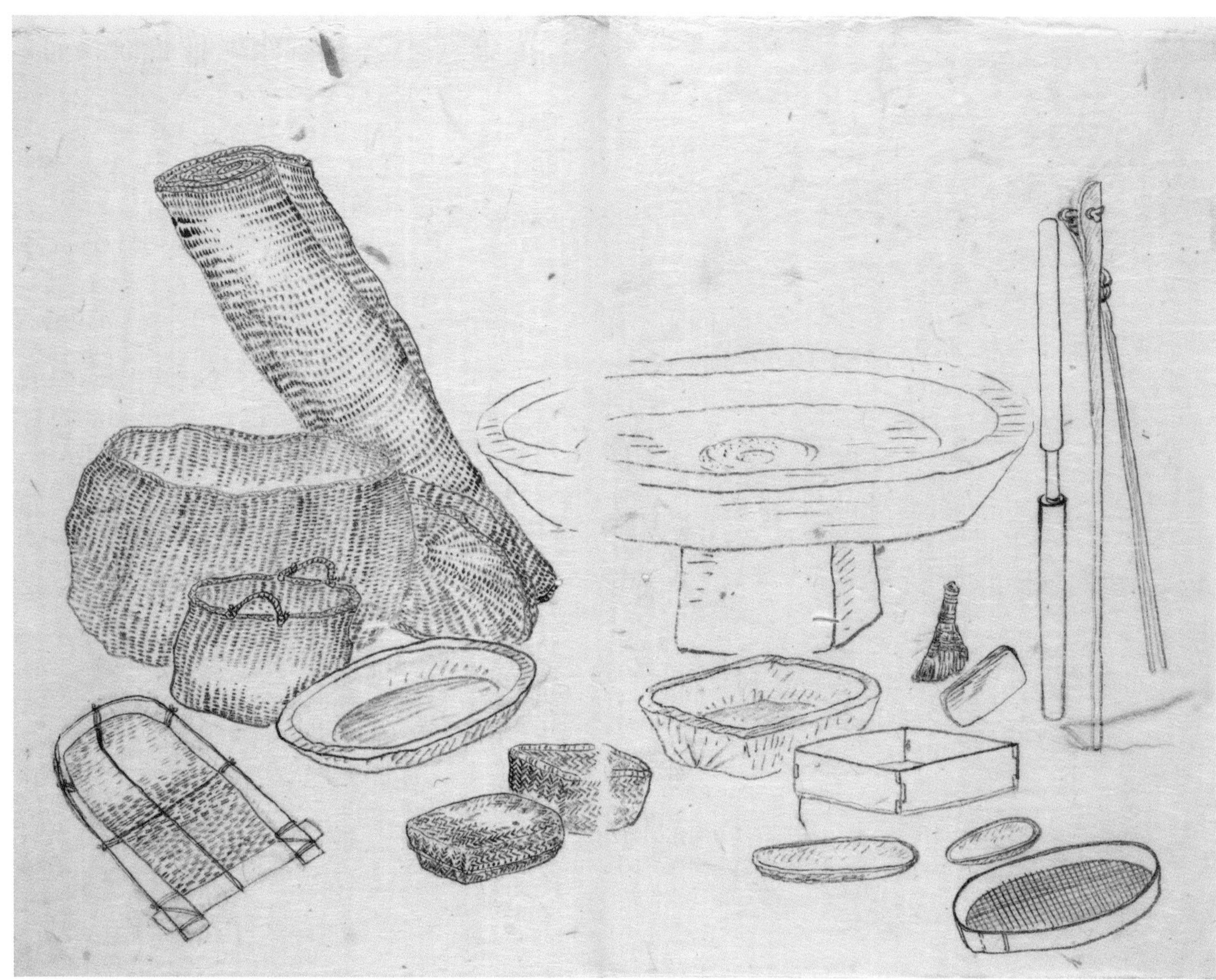

곡식을 수확하고 탈곡하는 데 쓰이는 도구들이다. 오른쪽으로부터 도리깨, 남방애, 직사각형 나무그릇, 체, 뚜껑달린 대바구니(차롱), 키, 각종 바구니, 멍석 등이다. 그림 아래 한가운데 있는 것은 아기구덕인 듯하다.

These are objects used in harvesting and handling grain. From right, a flail, a large wooden/stone mortar, rectangular wooden containers, a sieve, a bamboo basket with lid (*ch'arong*), a winnow, an oval-shaped wooden bowl, baskets of different shapes and sizes, a mat, etc. The item in the bottom center seems to be a bamboo bassinet.

부엌용품을 그렸다. 아궁이에 걸쳐있는 솥과 시루, 각종 병과 항아리, 대접, 사발, 접시, 숟가락, 도마와 칼 등이다.

Kitchen tools are displayed in this drawing. They include a pot and steamer on a furnace, different shapes and sizes of jars, bowls and plates, spoons, knife and cutting board, etc.

麦八
麦打

麦八 | 보리 8

麦打

보리 타작

Barley 8

Threshing

麥七
麥積

麦七 | 보리 7

麦積

보리단 쌓기

Barley 7

Stacking sheaves of barley

麦六
麦苅
霜雪
幾十
回辛
苦麦
穗重

麦六 | 보리 6

麦苅
霜雪幾十回 辛苦麦穗重

보리 베기
서리와 눈이 수십 번이나 와서
신고(辛苦)를 겪은 보리 이삭이 무겁다

Barley 6

Harvesting barley
After many frosts and snowfalls
Ears of hardy barley are heavy

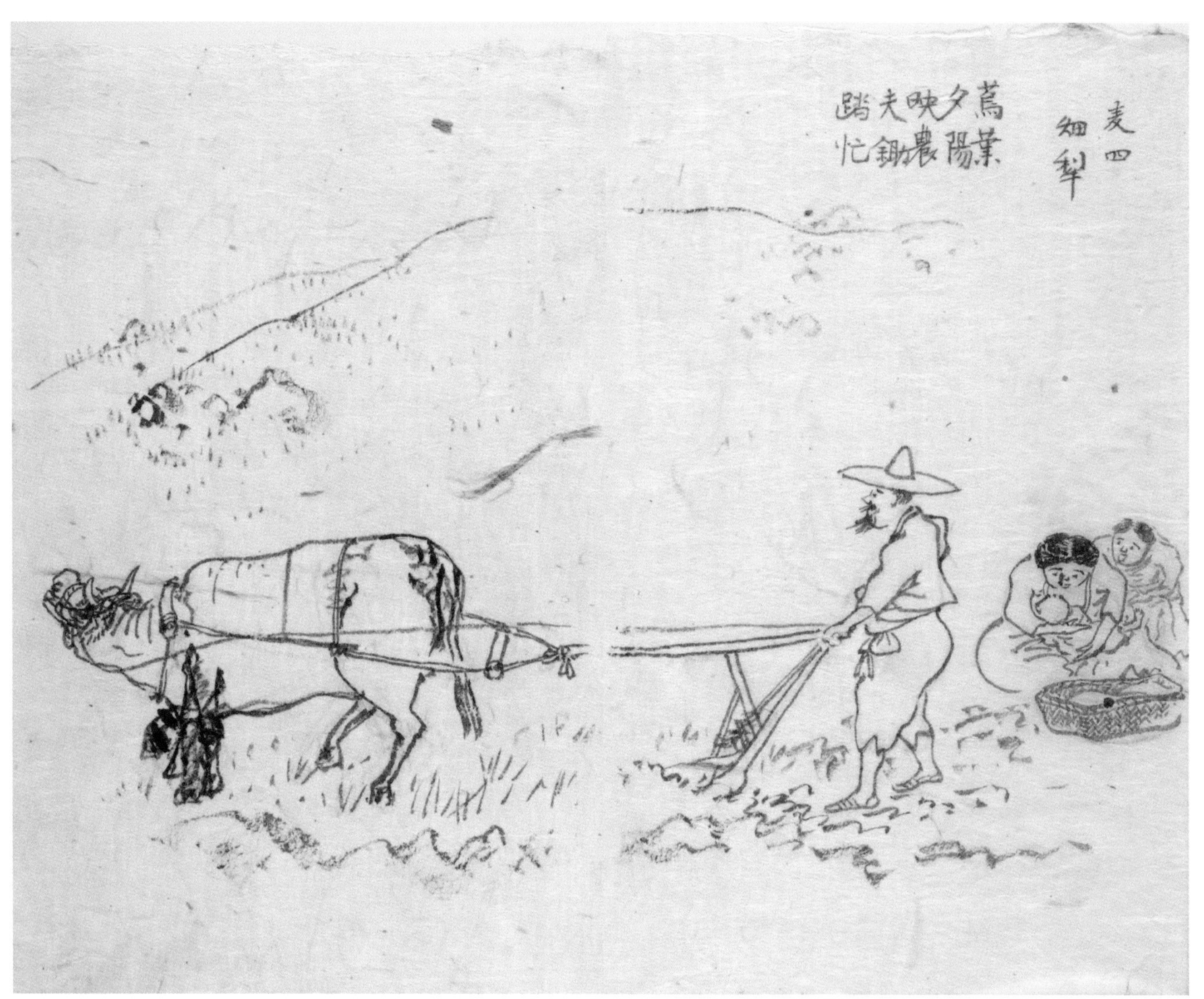
麦四畑犁
蔦葉夕陽映農夫鋤踏忙

麦四 | 보리 4

畑犁
蔦葉夕陽映 農夫鋤踏忙

밭 갈기
담쟁이 잎사귀는 석양에 비치고
농부는 밭갈기에 바쁘다

Barley 4

Plowing the field
Ivy leaves shining in the setting sun
The farmer is busy plowing

麦二種合
朱蜻青空舞
播種小春日

麦二 | 보리 2

種合
朱蜻青空舞 播種小春日

종자 고르기
고추잠자리는 파란 하늘을 날고
파종은 10월 소춘(小春)에 한다*

Barley 2

Selecting seeds
Red dragonflies flying above the blue sky
Sowing seeds around late fall*

* 소춘일은 음력 10월 또는 겨울의 첫 달을 말하는데 대략 양력 11월이다.
"小春日" refers to the tenth lunar month, or the first month of winter (approximately November).

麦三
種蒔

麦三 | 보리 3

種時

씨 뿌리기

Barley 3

Sowing seeds

麦五草切

麦五 | 보리 5

草切

김매기

Barley 5

Weeding

김매기에는 골갱이(호미)를 사용했다. 왼쪽의 여자가 오른손에 들고있는 기구인데 그림 위 여백에 또 하나를 잘 그려 놓았다.

A weeding hoe (*kolgaengi* or *homi*) is the tool for weeding. The woman on the left is holding one in her right hand. A more detailed sketch of the tool appears in the blank space above her head.

麦一
肥料

麦一 | 보리 1

肥料
두엄

Barley 1

Fertilizer

두엄을 쌓는 장면이다. 두 남자가 산태를 이용해서 짚더미를 옮기고, 여자는 짚더미를 옮겨 쌓는데, 다른 한 남자는 두엄더미 위에서 쇠스랑으로 두엄을 고르고 있다. 두엄은 보통 풀, 짚, 가축의 배설물을 섞어 썩혀서 만든다.

This drawing depicts composting. Two men are carrying straw using a handbarrow (*sant'ae*), and a woman is helping pile it up. The man on top of the compost heap is mixing and shaping the compost using a hayfork (*soesŭrang*). Compost would usually be made of an organic mixture of weeds, straw, and animal waste.

麦
十二
豐年
快樂

麦十二 | 보리 12

豊年 快樂

풍년의 즐거움

Barley 12

Good harvest [brings] happiness

長峯山
御山嶽
前嶽
シンクニー
キセンムリ

[논고]

일본인의 제주도 버섯재배를 그림으로 기록한 제주도여행일지

허경진 · 문순희

A Mushroom Talk: From Natural Delicacy to Colonial Object

Kim, Sun Joo

일본인의 제주도 버섯재배를 그림으로 기록한 제주도여행일지

허경진 · 문순희

I. 머리말

『제주도여행일지濟州道旅行日誌』는 20세기 초에 일본인들이 제주도에서 표고버섯을 재배하는 과정과 여행을 기록한 그림일기이다. 이 책에 대해서는 연세대 허경진교수가 이미 2003년에 그 존재를 소개하였으나[1] 그동안 연구되지 않았다. 이 책은 20세기 초의 어느 봄에 일본 도쿄 간다神田의 요리점에서 모임을 가지는 장면에서 시작하는데 제주도로 입도해 한라산에서 버섯을 재배 · 수확한 후, 초가을에 일본 시모노세키下ノ関로 귀국하여 시코쿠四國 마츠야마松山에서 온천과 관광을 겸한 휴식을 취한 후 해산하기까지 4개월에 걸친 제주도 여행을 그림과 글로 기록한 여행일지이다. 또한 부록으로 제주도 풍물을 그린 책이 붙어 있다.

개항이후 조선을 다녀온 일본인들이 쓴 지리지, 여행안내서, 여행기와 같은 종류는 큰 출판사에서 출판된 책으로부터 개인소장까지 셀 수 없이 존재한다. 1890년 초에는 이미 개인이 한반도 전 지역에 걸쳐서 직접 여행하여 조선을 소개한 책이 출판되었고 20세기 초에는 각 지역마다 그 특징이 자세하게 소개될 정도로 일본 내에서 조선에 대한 지식과

1 허경진, 『하버드대학 옌칭도서관에 소장된 한국 고서들』, 웅진북스, 2003.

자료는 널려있었다. 그 중 일기 형식으로 기록된 책도 찾아볼 수 있으나 이 일기처럼 모든 행적을 그림으로 그리고 그림에 대한 설명으로 간단하게 글을 적은 형식의 그림일기는 여러 종류의 기행문을 접한 저자도 아직은 보지 못 하였다.

이 글에서는 『제주도여행일지濟州道旅行日誌』의 내용과 특징을 그림과 함께 소개하고, 그림책에 등장하는 일본인, 그리고 그들의 제주도 버섯재배 과정을 자세히 살펴보고자 한다. 나아가 제주도에서 버섯재배사업을 시작한 당시 일본인들이 어떻게 제주도민을 바라보았고 사업에 동원했는지도 그림을 통하여 보도록 한다.

II. 『제주도여행일지濟州道旅行日誌』의 내용과 특징

『제주도여행일지濟州道旅行日誌』는 4책으로 구성되어 있는데, 연대는 정확히 알 수 없다. 단 20세기 초 일본인 버섯재배업자들이 제주도에 거주하면서 버섯을 재배하는 과정을 그림으로 남긴 것으로 추정된다. 이 책은 현재 미국 하버드대학 옌칭도서관에 소장되어 있다. 1책은 35장 69면, 2책은 32장 63면, 3책은 12장 23면으로 구성되어 있으며, 부록은 17장 33면이다. 이 그림일기는 목적이 출판이 아니라 순수하게 개인 소장을 목적으로 제작된 것이어서 작자, 편집자, 연도 등의 정보를 책 속에서 찾아볼 수 없다.

1권은 5월 10일에 간다神田에 있는 요리집에 모여서 의논하는 장면으로 시작한다. 일행은 5월 10일 도쿄에서 모임을 가진 후 히로시마廣島로 향한다. 히로시마의 한 여관에서 휴식을 취한 다음 이츠쿠시마신사를 참배하는 등 구경을 겸해서 잠시 머물다가 시모노세키로 이동, 부산으로 가는 연락선을 탄다. 배는 부산의 초량草梁정류장에 도착하는데, 초량은 조선시대 왜관이 있던 곳으로 조선과 일본의 외교 · 무역의 중심지였기에 일본인들에게는 익숙한 항구였다. 부산은 개항과 함께 용두산 주변에서 서쪽까지 일본인거주구역이 만들어지면서 일본인 인구가 급증하였다. 19세기

그림 1

말에서 20세기 초 부산에는 천호 가량의 일본가옥이 있었고 약 7천명의 일본인이 거주하였는데[2] 부산 초량 부근은 19세기 말부터 이미 일본인거류지가 형성되고 일본커뮤니티가 활발했던 곳이었다.

일행은 이어서 〈부산잔교 부근의 잡답〉, 〈초량정류장 부근〉, 〈마산포〉, 〈진도〉, 〈목포항에서 물건 파는 소년〉, 〈비 오는 목포〉, 〈목포항〉, 〈추자도楸子嶋〉 등의 제목으로 조선의 풍경들을 남기고 있다. 부산과 목포를 거쳐 제주도에 입도한 일본인들은 먼저 일본인 인부들이 사는 집들을 구경하였는데 집 구조도까지 세세히 기록하고 있다. 다음으로 그들은 삼성혈을 구경하며 성 안에서 한라산을 본 풍경들을 남기고 있다.

6월 2일부터는 본격적으로 버섯재배에 착수하기 위해 한라산으로 입산한다.(그림1) 그림을 보면 맨 앞에 지게를 든 조선인 인부가 앞장을 서서 올라가고, 그 뒤에 일본인들이 따라 가는 모습을 볼 수 있다. 자본가가 직접 한라산 버섯재배지 세 곳을 시찰 · 발족한 후 6월 7일 일행의 일부가 귀도로 향하는 것으로 1권의 내용은 끝난다. 1권은 다른 2~3권과 달리 화려하게 색칠한 그림 5장이 있는 것이 특징이다. 3장은 부산에 들어오기 전의 모습이며, 나머지 2장은 조선의 경치를 그린 〈추자도〉와 〈용두암〉 그림이다. 그러나 채색된 그림이 내용이나 그림 상으로 보아도 특별히 중요한 의미를 갖지 않는 것으로 보아, 초반에 색감이 떨어졌거나, 화가가 채색에 별관심이 없었던 것으로 생각된다.

1권에 이어 2권은 6월 8일부터 9월 28일까지의 그림일기가 그려져 있다. 6월 8일자 일기에는 복통으로 고생하는 일

2 1894년에 한반도 여행을 다닌 일본인 지리학자 야즈는 부산 일본거류지에는 일본가옥이 1,000호, 거주민이 4,780명이고 여행객 등을 합치면 상시 7,000명 넘는 일본인이 부산에 체류하였다고 기록했고, 1904년에 출판된 야마모토 쿠라타로으(山本庫太郎)의 『朝鮮移住案内』에는 1901년 말의 조사에 의하면 일본가옥은 1,250호, 7,029명의 거류민이 있다고 기록되어 있다. 矢津昌永, 『朝鮮西伯利紀行』, 丸善, 1894, 10~11쪽, 山本庫太郎, 『朝鮮移住案内』, 民友社, 1904, 49~50쪽.

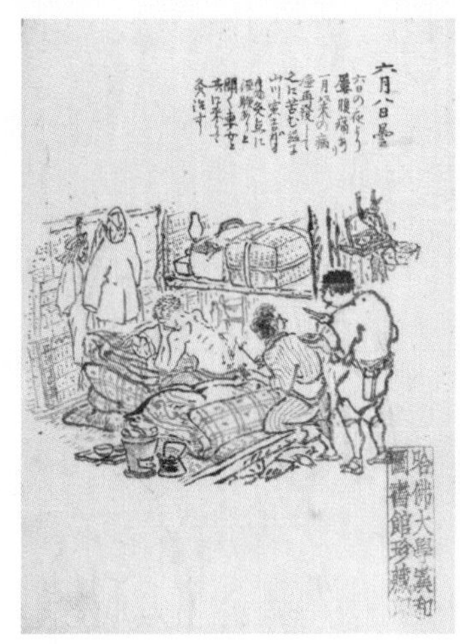

그림 2

그림 3

본인이 뜸을 뜨는 그림과 함께 설명을 썼는데(그림2), "1월 이래 다시 병이 났는데 이 때문에 고생하고 있다. 야마카와 토라키치山川寅吉가 뜸을 잘 뜨는 처자妻子를 데리고 와서 뜸치료를 했다."고 설명이 되어있다. 전등 아래 인부가 엎드려 뜸을 뜨는 모습이 흥미롭게 그려져 있다. 1권이 일본에서 제주도로 건너오는 과정을 기록했다면, 2권은 제주도에서의 버섯재배 과정과 일본인의 생활 기록이다. 버섯재배 현황에 관해서는 날짜와 작업사항들을 그림과 함께 자세하게 기록하였으며, 생활에 관해서는 산신제에 참석하는 모습, 조선인들에게서 찹쌀을 얻어 일본식 떡으로 만들어 먹는 모습 등 제주도 거주 일본인들의 생활상을 엿볼 수 있다. 그들은 버섯재배를 위해 산 속 절벽에 나무다리를 만들어 '이나리바시稲荷橋'라고 일본식 이름을 붙였고, 산 속 깊은 집에 일본식 목욕탕까지 만들어 생활하였다.(그림3) 이 밖에도 한라산 속에서 체류한 화가는 한라산 곳곳의 경치를 그렸다. 폭포, 암벽, 강, 여러 각도에서 본 한라산의 풍경 등 화가가 한라산을 보며 감탄한 모습을 상상해 볼 수 있는데, 부산과 달리 제주도의 경치에 대해서는 일본식 이름을 지어 부른 것이 특징이다. 그 만큼 당시 일본인들에게는 제주도의 정보가 부족했고 특히 산간은 미지의 땅이었다. 2권은 1권에서 함께 일본을 떠난 일행 중의 일부가 귀국하고, 이 그림일기를 그리는 화가를 포함해서 몇 명이 남아 제주도 거주 일본인 인부들과 버섯재배에 착수한 내용이다.

3권은 9월 11일부터 9월 27일에 해산한 후 도고온천에서 피로를 푸는 모습까지의 내용을 담고 있다. 3권에는 재배한 버섯을 일본으로 옮기는 과정이 자세히 그려졌다. 9월 11일 재배를 끝나고 제주성 안으로 돌아갔으며, 13일에는 버섯을 작은 배에 싣고 목포로 운송했다. 마을 사람들, 제주도 거주 일본인들과 인사를 나누면서 넉 달간의 버섯재배를 마치고 제주를 떠났다. 일행은 목포를 거쳐 부산에서 배를 옮겨 타고, 18일 오후 9시 폭풍이 부는 밤에 일본으로 출발한다. 19

일 드디어 시모노세키에 입국, 21일 다카하마항高濱湊에 도착하자, 먼저 귀국한 일행이 항구에서 환영하였다. 그 후 도고 온천에서 온천욕을 즐기며 여행의 피로를 풀다가 27일에 헤어지는 모습까지가 3권의 내용이자 이 그림일기의 끝이다.

3권 뒤에 붙어있는 부록은 일기와는 별도로 제주도 풍물들을 16장의 그림으로 엮은 것이다. 〈농가 부녀자農家婦女子〉, 〈연자맷돌 돌리기麦九〉, 〈쌀 까부르기糠除〉, 〈민요를 부르며 보리 찧기麥〉, 〈농기구1〉, 〈농기구2〉, 〈주방기구〉, 〈보리 타작麥打〉, 〈보리 쌓기麥積〉, 〈보리 베기麥刈〉, 〈밭 갈기畑犁〉, 〈씨 맞추기種合〉, 〈씨 뿌리기種蒔〉, 〈김매기草切〉, 〈두엄 뿌리기肥料〉, 〈풍년 잔치豊年快楽〉의 순서로 그려지고 있다.

이 책의 특징은 바로 그림이다. 인물의 표정이나 행동 하나하나가 매우 섬세하며 범상치 않다. 1920년대 다른 서적에 실린 삽화와는 비교가 안 될 정도로 그림솜씨가 뛰어나다. 그림일기의 목적은 『濟州道旅行日誌』라는 단순한 기행일기가 아닌, 버섯재배 현황을 실제 그대로 보여주는 기록서의 역할이었을 것이다. 그러나 그림일기 3권 뒤에 제주도 풍물들을 그린 부록이 따로 존재하는 것은 자본가의 요구라기보다, 화가에게 이국적인 제주도 풍물을 그림으로 남기려는 창작 의지가 강했던 것으로 보인다.

또한 여성의 그림이 많다는 것이 눈에 띄는데 1904년에 출판된 기업起業안내서에 제주도 특징의 하나로 여성이 남성보다 많고 반도의 여성과 달리 얼굴을 가리지 않고 출입이 자유롭고 활발하며 영리하다고 기록[3]되어 있는 것처럼, 이 그림을 그린 화가도 제주도 여성의 모습을 색다르게 본 듯하다.

제주도여행일지의 삽화는 인물상의 세태와 풍속을 익살스럽게 표현하는 일본 모노카타리의 전통을 계승하고 있다. 예를 들어 헤이안시대 말기의 〈시키산엔기에마키모노信貴山縁起繪卷物〉에서 목격되는 사건의 현장성, 해학성이 그대로 제주도여행일지에서 발견된다. 또한 이 그림은 근대기 일본 삽화의 한 단면을 잘 보여주고 있는데 일본 삽화의

3 佐藤政次郎, 『韓半島の新日本　一名,韓国起業案内』, 佐藤政次郎, 1904, 137~138쪽.

본격적인 등장은 메이지 말년에 발행된 근대 신문에서 발견된다.

그러나 일본인 삽화가들이 제작한 삽화들이 높은 작품성을 갖추었다고는 보기 어렵다. 화가 출신도 있지만 전문적 삽화가가 없었으므로 기자들이 삽화를 제작하는 경우가 있었기 때문이다. 일본의 삽화가들은 다양한 화풍과 기법, 구도를 시도하여 소설 및 여러 장르의 삽화를 제작했다. 일본에서 유행한 화풍 즉 전통회화인 우키요에 위에 서양화 기법과 같은 신흥미술양식을 시도하여 각양각색의 삽화를 그린 것이다. 제주도여행일지는 마치 스냅사진을 찍듯 버섯을 캐고 나르는 장면이 순간적으로 포착되었다. 따라서 야외 노동의 경우, 주위가 자세히 묘사된 장면도 있지만, 배경이 생략된 채 인물상의 동세에만 집중한 장면도 있다.[4] 이 버섯재배의 기록을 사진이라는 최신 방법을 선택하지 않고 그림이라는 전통적인 방법을 선택한 것도 더욱 즉흥적으로 자신이 묘사하고 싶은 장면들을 남길 수 있기 때문이 아니었을까 생각된다.

Ⅲ. 『제주도여행일지濟州道旅行日誌』속 일본인의 제주도 버섯재배사업

일본인들은 오래 전부터 버섯을 좋아했다. 그 많은 버섯 중에서 일본인들이 제주도에서 재배한 버섯은 표고버섯이다. 표고버섯은 일본에서 사찰음식에 사용되는 등 오래 전부터 식용되었지만, 인공으로 재배한 것은 에도시대江戸時代부터이다. 이때의 재배법은 원목에 버섯균을 부착하는 방식으로 확실한 결과를 기대할 수 없었다. 버섯의 인공재배법이 확립된 것은 1900년대이며, 이로 인해 버섯 수확량이 비약적으로 증가되는 것은 1935년 이후의 일이다.

4 본 일기의 미술사와 관련된 내용은 이화여자대학교 한국문화연구원 송희경교수에게 자문을 구한 것이다.

일제시대 일본인들의 제주도 표고버섯 재배에 대해서는 1924년에 전라남도 제주도청에서 발행된『미개의 보고 제주도未開の寶庫濟州道』에 자세히 기록되어 있다. 이 책은 편집자가 밝혀지지 않았으나, 서문에 우리 제주도는 바다와 땅에 무진한 대보고를 가지고 있는데, 이것이 알려지지 않는 이유는 이곳을 소개하는 출판물이 없어서 그렇다는 것을 절실히 느낀바 다방면의 사람들로부터 기사를 모아 엮였다고 기록되어 있다.[5] 실질적으로 그 전에 출판된 조선안내서에는 한반도에 대한 기록은 자세했으나 제주도에 대해 자세히 소개된 책은 없었으며 이 책이 당시 일본인들에게 제주도 여행안내서, 나아가서는 투자설명서 역할을 했던 것으로 생각된다.

이 책의 총설장總說章에서는 제주도의 특징을 7가지로 정리하였는데, 이 중 4번째에 "한라산의 중턱에는 광대한 삼림이 있어, 버섯재배업이 가장 다망多望된다"고 기록되어 있다. 즉 1920년 초반에는 이미 제주도의 한라산 부근이 일본인들에게 버섯재배로 소문난 곳이었으며, 제주도 버섯재배는 당시 식민지 산업경영의 하나로 자리 잡고 있었던 것으로 추정된다. 일본인들의 버섯재배의 시작에 대해서는 이 책의 상업장商業章에 기록되어 있다.

> 한라산 삼림대의 수종은 표고버섯 자목이 되는 자작나무樺, 졸참나무楢가 번성하다. 바람으로 인해 난벌되는 수목에 자연 발생하는 표고버섯은 매우 우수하며, 예로부터 현지인들은 이것을 채취하고 햇볕에 말려 시장에 많이 반출하였지만, 후지타 간지로藤田寛二郎, 모치즈키 류타로望月龍太郎, 가미야 타구오神谷卓男[6]씨 등은 안목이 있어서 인공재배로 버섯업을 경영하면 제주에서 유일한 특산품으로 유망해질 것에 착목하였다. 메이지明治38년年(1905) 그들이 창립한 도에이샤東瀛社가 착수하여 효시하고, 39年(1906) 11월 본업에 노련한 다나카 나가미네田中長嶺씨를 초빙하여 수많은 곤란과 시험을 행하

5 韓國地理風俗誌叢書,『未開の寶庫 濟州道』, 경인문화사, 1995.
6 모치즈키(望月)와 카미야(神谷)는 대한제국기의 대표적인 친일단체 일진회(一進会)의 고문이었던 것으로 알려졌지만, 구체적인 신상에 대해서는 알 수 없다. 永島広紀, <一進会の日本人顧問>, 第５回東アジア近代史学会研究大会研究大会——世紀転換期の東アジア, 2000.

여 결과적으로 유망할 것을 확신했다.

이어서 42년(1909) 9월 기절의 인가를 거쳐 사업을 확장하여 가토 후지타로加藤藤太郎 외 한명, 마스다 사부로增田三朗 외 세 명, 도쿠나가 에이스케徳永榮助 외 한 명, 하야시 세이스케林正助 외 한 명, 다케우체 신타로竹内信太郎, 기쿠치 켄죠菊地謙譲 외 한 명 등이 연이어 인가를 받아 사업에 착수했다.[7]

위의 인용을 보면 일본인 자본가들이 제주도에서 일본 수출을 목적으로 버섯재배에 착목한 것은 1905년이라고 설명되어 있다. 1906년에 그 가치와 가능성을 확신하여 사업을 실행하기로 결심하였다. 즉 1900년 전후로 하여 일본에서 인공재배법이 확립된 것과 동시에 일본인들은 일본과 기후가 비슷한 제주도에 인공 버섯재배를 시험하였다. 이때 버섯사업을 시작했던 주요인물 가운데 한 명인 후지타 간지로藤田寛二郎가 이 그림일기의 등장인물이다. 그의 이름은 『濟州道旅行日誌』 속에 세 번 등장한다. 6월 7일 "후지타노인 제2사업지 발족. 귀국의 길에 나서다", 6월 16일 "후지타 간지로씨를 주임으로 맞다", 9월 21일 "다카하마 도착. 후지타노인의 마중을 받는다."[8] 이 세 기록을 보면 그가 그림일기 속 버섯재배사업의 주요 인물이었다는 것을 짐작할 수 있다.[9]

첫 번째의 "후지타노인 제2사업지 발족. 귀국의 길에 나서다"라는 기록은 제1권의 마지막 장에서 볼 수 있는데, 후지타노인은 사전의 준비를 마치고 두 재배지를 발족하기에 이른다. 제2권에 기록되어 있는 두 번째 기록은 일기의 일

7 漢拏山山林帯の樹種は、椎茸資本のシデ、ナラの繁茂を以て充され、風折れ乱伐等の樹木に、自然発生する椎茸は極めて優秀で、古来地元民は之を採収して日乾し、市場に搬出するものが多かったが、藤田寛二郎、望月龍太郎、神谷卓男氏等大に見る所があって、人工栽培によつて椎茸業をする時は、済州唯一の特産品として有望なる事に着目し、明治三十八年仝氏等の手により、創立せられたる東瀛社によつて着手したのを嚆失とし、三十九年十一月本業に老練なる田中長嶺氏を聘し、幾多い困難と戦い試験を行ひ其結果どおり有望なるを確かめた。超えて四十二年九月、其筋の認可を経て、事業を拡張し、加藤藤太郎外一名増田三朗外三名、徳永榮助外一名、林正助外一名、竹内信太郎菊地謙譲外一名等、相次で認可を得て事業に着手した。『未開の寶庫 濟州道』, 전라남도 제주도청 발행, 목포형무소 인쇄, 1924, 69~70쪽.

8 "六月七日半晴 藤田老人ヤングニ發足", "六月十六日晴 藤田寛次郎氏主任となす", "九月廿一日 高濱湊着 藤田老人の出迎を受く", 『濟州道旅行日誌』 속에서.

9 6월 7일에 귀국한 후지타노인이 6월 16일에 주임으로 부임하는 것이 시간적으로 어렵기 때문에, 후지타노인이 후지타 간지로의 아버지일 가능성도 있다. 그러나 귀경길에 보이는 사람과 후지타 간지로의 그림이 비슷해, 반드시 두 사람이라고 확정지을 수는 없다.

부인데 글 전체는 이렇다. “날씨가 좋아 씨를 뿌리기에 적당하니, 후지타 간지로씨를 주임으로 모시고 요시모토 히사조吉本杦蔵가 이에 따르고 41년 된 나무에 씨를 뿌린다.” 여기서 그는 실질적으로 버섯재배 사업에 직접 나서서 현장에서 감독 지시하였다. 그림에 나오는 인물의 생김새와 복장을 통하여 후지타가 이 그림일기 속 주인공이라는 것도 확인할 수 있었다.

그의 신상에 대해서는 구체적으로 알 수 없으나, 1935년 시정始政 5주년 조선물산공진회 수상자 명단에 그의 이름을 찾을 수 있다. 그는 농업부분에서 표고재배로 은패를 수여 받았는데, 당시 농업부분에서 은패를 받은 것은 후지타 한 사람뿐이다. 그 밖에 일본인 5명과 조선인 1명, 그리고 제주도표고동업조합이 같은 농업부분에서 동패를 수상하고 있다.[10] 『제주도여행일지濟州道旅行日誌』는 첫 일본인 자본가인 후지타가 개인자본가들과 버섯재배를 계획한 후 제주도의 버섯재배지를 둘러보는데 동행한 화가에 의해 그려진 것이며, 그가 세 곳의 버섯재배지를 발족하였다는 기록, 농업이민자들의 수가 많지 않다는 점을 보면 1905년의 첫 재배였다고 추정할 수도 있다. 어쨌든 이 책의 주요인물이 실존인물이라는 것을 보아도 제주도 버섯재배의 초기 단계에 그려진 것은 틀림없을 것이다.

또한 제주도-오사카 간의 정기 직항로는 1923년 12월 15일에 개설된다. 이로 인해 제주도의 농·축·수산물들이 직접 일본으로 수출되고, 제주도에서 필요한 양식과 일용잡화는 일본에서 수입되게 된다.[11] 그림일기 속에서 재배된 버섯은 제주도-목포-부산으로 운반한 후 부산에서 배를 옮기고 시모노세키로 운송하고 있다. 즉 이 그림일기는 1905년에 시모노세키-부산 간의 연락선이 개통된 이후, 1923년에 제주와 오사카간의 연락선이 아직 개통되지 않는 시점에서 이루어진 식민지 경영의 사례라고 할 수 있다.

10 『조선총독부관보 중 제주록』, 제주도, 1995, 51~52쪽.
11 『濟州道誌 제2권』, 제주도, 2006년, 617쪽.

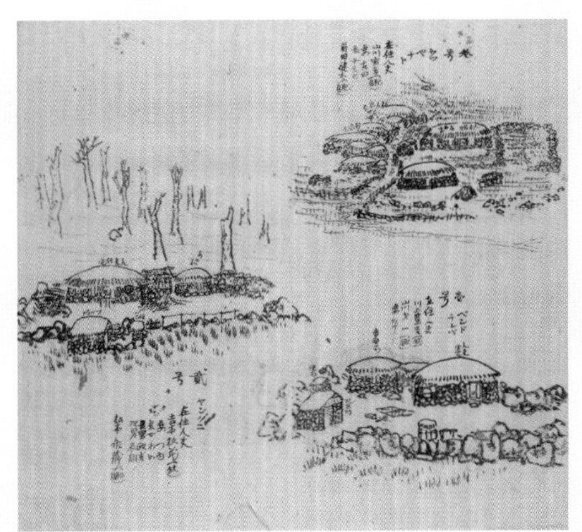
그림 4

그렇다면 제주도에서 일본인들이 어떻게 버섯재배에 착수하고 진행하였는지 그 과정을 그림일기의 내용을 통해 구체적으로 살펴보도록 한다.

제주도에 버섯을 재배하러 일본을 출발한 일행은 앞에서도 언급한 바와 같이, 제주도에 입도한 후 먼저 이미 정해 놓은 버섯재배지 세 곳을 견학한다. 세 곳에 일본인 인부들의 가옥을 각각 지었는데 그곳에는 각 사업지마다 일본인 인부들이 가족과 함께 살았다. 적게는 부부와 인부 한 명이, 많게는 세 자녀를 둔 가족과 인부 한 명이 같이 살았는데 그림에는 자녀들 인명까지 기록되고 있다.(그림4) 여기서 등장하는 일본인 인부들의 출신지는 히고肥後, 오오이타大分 등으로 당시 일본 내의 표고버섯 생산지로 이름난 곳들이다. 1910년에 발관된 『조선농업이민론朝鮮農業移民論』이라는 농업이민을 장려하는 책에서 농업이민의 조건으로 농업 유경험자, 건강한 신체, 가족동반의 세 조건을 내세우고 있는데 이들은 일본에서 추진하는 정책에서 이런 조건들을 충족하고 있음을 알 수 있다. 당시 한국으로 건너간 일본인 농업이민자의 수는 상업에 종사하는 자들에 비해 한없이 부족하였고 특히 산간부의 임업林業에 종사하는 자는 매우 드물다.[12] 20세기 초 한반도 전체적인 일

12 재한일본인의 직업별 인구에 관해서는 다음 표와 같다.

직업	인구	직업	인구
상업	47,398	잡업	16,815
관공사	15,584	노동자	15,237
공업	11,763	농업	4,889
무직업	4,424	예창기, 작부	4,253
어업	2,956	의사, 조산사	1,166
교원	918	신문잡지기자	379
승려, 선교사, 신관	278	변호사, 소송대리인	108

神戸正雄, 『朝鮮農業移民論』, 有斐閣書房, 1910, 2~9쪽.

본인 이주 상황을 보면 제주도 산간지역 이주자가 거의 없었다고 말해도 과언이 아닐 것이다.[13]

이 책에 등장하는 일본인들은 버섯재배를 앞두고 한라산 속을 개척하는데 그 중의 하나가 다리 건설이었다. 한라산에 들어가 나무를 찍고 길을 만들며, 절벽과 절벽 사이에 조선인 인부들을 동원하여 나무다리를 만들었는데 그 다리는 어마어마한 크기로 보인다.(그림5) 그들이 진행한 버섯재배과정에 관해서는 제2권에 구체적으로 그림과 함께 설명되어 있다. 버섯재배에 관한 일정을 표로 정리하면 다음과 같다.

표 1. 그림일기로 보는 표고버섯 재배 과정

버섯재배 과정	일기 내용	날짜/날씨
표고버섯 종자 심기	매우 날씨가 청랑(晴朗)함. 종자(種子) 뿌리기에 적당하다. (…중략…) (명치) 41년에 준비한 오랜 나무에 씨를 심었다.	6월16일 맑음
표고버섯의 발생을 시험	제1사업지 자향곡(字香谷)에서 비 오는 가운데 버섯균을 심어둔 나무를 두드려 치고 표고버섯의 발생을 확인했다.	6월27일 풍우
나무에 발생한 버섯의 수를 조사	시험한 나무에 자란 버섯의 수를 조사했다.	7월4일 보슬비
표고버섯을 불에 건조	표고버섯을 화롯불에 말린다.	7월 9일 비
제1, 2사업지의 표고버섯을 채집 및 건조	제2사업지 표고버섯 채집 및 건조	9월2일
	제1사업지 표고버섯 채집	9월7일 약간 비
	제1사업지 표고버섯 건조	9월8일 비
포장 및 운반	표고버섯 포장, 목포로 운송	9월13일 흐림

13 제주도에 대한 일제의 총체적 개발계획은 중일전쟁을 전후로 한 1937년에 수립되었다. 조선총독부 미나미 지로(南次郎)총독의 지시에 따라 전라남도가 작성하고 조선총독부의 최종 승인을 받은 '1937년 제주도개발계획'은 일제의 대륙 침략을 위한 전쟁에 필요한 군수물자와 일본 본토 및 육지부의 부족한 물자공급을 위해 제주도를 하나의 거대한 수탈기지로 활용하는 계획을 세워 추진되었다. 그 이전의 단계에서 제주에 대한 식민지의 자본 침탈은 1910년대에 토지조사사업을 시작으로 1920년대에는 제주도내의 연안 항·포구를 중심으로 식민지 개발사업을 시작했다.(『濟州道誌 제2권』, 615~619쪽 참고.)

그림 5

그림 6

6월 2일에 본격적으로 답사를 시작하여 버섯재배에 착수한 일행은 6월 16일 준비해둔 나무에 씨를 심었고, 열흘을 기다린 뒤 27일에 버섯균을 심은 나무를 두드려 쳐서 버섯의 발생을 확인하였다. 표고버섯의 발생을 확인한 일본인들은 꼼꼼하게 한 나무에 자란 버섯 수를 조사·기록하였다. 채집한 버섯을 불에 말리는 것이 7월 9일이다.(그림6) 일본에서 버섯재배에서 제일 기술을 필요로 하는 과정으로 두 가지를 드는데, 첫째는 벌목伐木 작업이고 두 번째는 이 버섯을 불에 말리는 작업이다. 이 두 가지를 잘하는 사람만을 훌륭한 표고버섯재배자로 인정한다. 이들이 종자를 나무에 심어서 건조하기까지 20일도 소요하지 않고 있다. 종자를 심고 채집 건조하는 데까지 약 3주 걸렸다는 것이다.

다음 버섯재배에 관한 기록은 9월 2일로 공백을 두고 있다. 9월의 기록은 씨를 심거나 산을 돌아다니는 그림은 없고, 제2재배지 제1재배지의 순서대로 버섯을 채집·건조하고 있다. 7월의 버섯재배가 시험이었다면 9월에는 본격적으로 일본으로 가져가기 위해 재배된 것이라고 볼 수 있다. 9월 8일에 건조된 버섯은 곧바로 9월 13일에 제주에서 목포로 운송되었다. 목포에서 다시 부산으로 옮겨진 버섯은 부산에서 일본 시모노세키로 옮겨졌다.

후지타의 제주도 표고버섯재배는 세 버섯재배지를 발족하여 두 곳을 재배지로, 한 곳을 건조장으로 하여 초기 식민지산업경영의 터를 만들었다. 후지타는 시험단계인 7월에 본인이 재배지에 직접 나서서 감독 지시하고 한 나무에서 발생하는 버섯 수를 세는 등 치밀한 모습을 보여주고 있다. 이렇게 초기에 만든 버섯재배지를 바탕으로 1935년에는 조선물산공진회에서 표고버섯 부분에서 수상하기에 이르렀다. 1910년대쯤에 시작한 버섯재배산업이 1920년에는 제주도 소개서에 유망사업으로 소개될 만큼 왕성해졌다. 후지타의 경영 사례는 개인자본가들에 의한 제주도 식민지경영의 대표적 사례로 볼 수 있다.

IV. 그림으로 보는 일본인의 제주도 경험-제주도민과의 관계

『제주도여행일지濟州道旅行日誌』에 등장하는 일본인들은 일본에서 제주도 버섯재배를 계획한 후 제주도에 건너가 넉 달 동안 거주하면서 재배사업에 착수하였다. 그림일기에는 제주도 거주 일본인들의 생활상과 넉 달 동안 제주도민들을 동원하고 버섯재배를 실시한 모습이 고스란히 나타나고 있다. 일행은 제주도에 입도한 후 먼저 삼성혈을 구경하였다. 제주도 삼성의 조상신을 모신 삼성혈에 찾아간 것은 매우 의아한 일이며, 그림일기 속 일본인들이 오직 버섯재배만 목적한 것이 아니라 제주도에 대한 관심이 있었던 것으로 이해된다.

이른 시기부터 조선에 대한 지리적 정보는 일본 내에서도 잘 알려져 있었지만 제주도에 대한 정보가 일반 서적들에 소개되는 일이 거의 없었다. 본격적으로 제주도를 다룬 소개서는 앞서 언급한 『미개의 보고 제주도未開の寶庫 濟州道』(1924)인데 20세기 초 이른 시기에 출판된 여러 조선안내서 중 제주도에 대한 정보가 짧게나마 기록된 책으로는 사토 세이지로佐藤政次郎가 쓴 『한반도의 신일본, 일명 한국기업안내』(1904)를 들 수 있다. 그 책 속에서 제주도에 대해 소개가 되어있는데 〈인정풍습〉이라는 제목으로 아래와 같이 기록되어 있다.

한반도처럼 인순고속 우유부단因循姑息優柔不断하지 않고 의지가 뛰어나고 남녀 할 것 없이 근면하고 노동의 미풍이 있

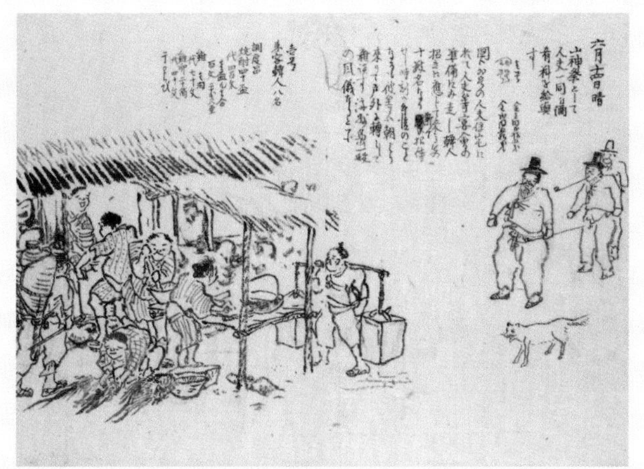

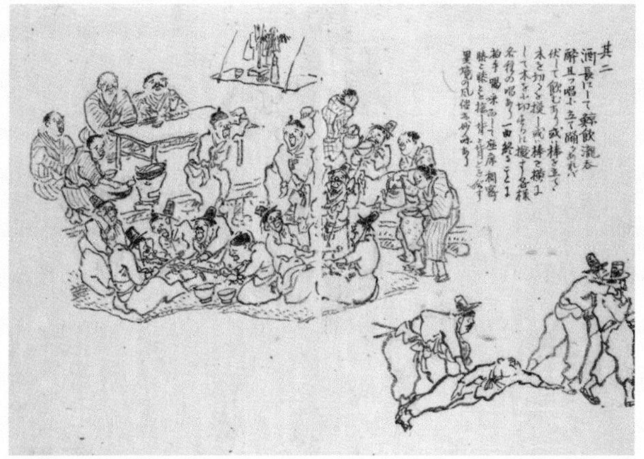

그림 7
그림 8

는 것은 기뻐할 만하다. 특히 여성에게 우울한 모습이 없고 매우 생상적이며 해변에서는 해녀로 일하고 성 부근에서는 여러 공예를 만든다. 그 외 농사를 짓고 소나 말을 이끄는 등 단 한 가지도 불가능한 일이 없다. 본토에서 볼 수 있는 일방유타 행락안민逸放遊惰行楽安眠의 기질은 이 섬에서 거의 볼 수 없다. 고로 근면하고 노동적이며 민첩하고 용맹하고 소박한 기상은 본도와 모습이 다르다.[14]

이 당시 조선이라면 모든 것을 경멸 비하하던 일본인들이 이처럼 공공연히 칭찬하는 일은 매우 드물다. 또한 조선의 지리적 정보가 아닌 조선인에 대해 관심을 보이고 그 인정 풍속을 평가하고 있는데 일본과 유사한 점이 많은 제주도는 반도의 별천지라고 할 만큼 이 책의 저자는 제주도를 좋게 인식하고 있었다. 『제주도여행일지濟州道旅行日誌』에도 제주도 사람과 일본인이 함께 등장하는 그림이 많은데 식민자와 피식민자, 강자와 약자라는 구도가 나타나는 것을 부정할 수 없지만, 그것을 의식적으로 부각시키려는 의도는 없었다고 본다. 그 중 유독 눈에 띄는 그림이 있는데 산신제를 위해 분주히 준비하는 모습과 산신제를 올린 후에 열린 술자리 모습이다.(그림7, 그림8) 모든 재배지를 견학하고 만반의 준비를 끝낸 일행이 본격적으로 재배에 들어가기 전에 진행한 것이 산신제였다. 그림 7의 일기에는 "6월 14일 맑음. 산신제를 위해

14 韓半島の如く因循姑息優柔不断ならず且つ気概に富み男女共勤勉力役の美風あるは喜ぶべし殊に女子は陰鬱の風なく甚だ生産的にして海邊にありては蜑を営み城内附近にありては種々の工藝をなし其他田圃を耕耘し牛馬を曳く等一として不可能の事なし■するに本土に於ける逸放遊惰行楽安眠の性は殆んど此島に見るべからず總て勤勉力行慓悍素朴の気象に富み大に本土と其趣を異にせり　佐藤政次郎,『韓半島の新日本　一名,韓国起業案内』, 佐藤政次郎, 1904, 136~137쪽.

서 인부들에게 술과 안주 비용을 주었다"고 기록되어 있다. 버섯재배가 잘 이루어지도록 산신에게 올릴 제사를 준비하였다. 이것은 제주도의 한라산 입산제 풍습을 따른 것이기도 하지만, 일본 풍습을 따른 것이기도 하다. 산신제를 준비하기 위해 세 재배지의 일본인 인부들에게 나누어준 액수까지 상세히 기록하였다.

제 2재배지 인부들의 초대에 조선인들이 분주히 모여들었는데, 그 수가 10 여명이었다고 한다. 그들은 오후에 초대했는데도 불구하고 아침부터 와서 문 밖에 모여 잡담하고 기다렸는데 그 모습을 "제주도민의 일반적인 풍의風儀"라고 하였다.

일본인들의 문화 경험에서 사람을 초대했을 경우 그 시간에 맞춰서 방문하는 것이 예의이다. 늦어도 안 되고 너무 일찍 도착해도 안 되는 것이 까다로운 일본인의 풍습이다. 그러나 그에 반해 제주도 사람들은 저녁에 초대했는데도 아침부터 찾아와 문 밖에서 기다렸다. 그림7을 보면 왼쪽에서 일본인들이 산신제를 위해 분주하게 음식 준비를 하고 있다. 무늬가 있는 옷을 입은 사람들이 일본인이며, 일본인들 사이서 흰옷을 입고 지게를 진 두 사람이 산신제 준비를 도와주는 조선인들이다. 또한 맨 오른쪽에서 담뱃대를 물고 준비하는 모습을 곁눈질 하듯 보고 있는 사람들은 이 자리에 초대받은 제주도의 어른들로 보인다. 그들은 눈치를 보는 듯 서서 준비하는 모습을 지켜보고 있다.

제 1재배지에 온 조선인 손님은 제 2재배지보다 적은 8명이었다. 이때 조달한 물품이 소주 40잔에 400푼, 닭 세 마리에 70푼, 계란 20개에 40푼 등으로 자세히 기록되고 있다.

그림 8은 산신제를 올린 후 홍겹게 먹고 마시는 모습을 그린 것이다. 그림의 맨 위쪽을 보면 일본식 카미다나神壇가 보인다. 무사히 버섯재배를 끝내고 돌아갈 수 있게 산신에게 빌었던 것이다. 마당에서는 조선인들이 술 먹고 신나게 노래하면서 춤추고 있다. 서서 춤추는 사람, 앉아서 입을 크게 벌리고 큰소리로 웃으며 떠드는 사람 등 놀고먹는 소리가 들릴 듯 묘사가 잘되어 있다. 춤추는 조선인 옆에 술주전자를 들며 술을 따르는 일본인들의 모습이 보인다. 반면 술마당의 맨 윗자리를 보면 상을 앞에 두고 일본인이 두 명 앉아있는데 수염을 길게 기른 노인이 후지타이다. 그는 일본

인 사이에 끼어 술을 먹거나 놀지 않고, 한 단 위에 올라 미소를 지은 듯 냉정한 눈으로 그들의 모습을 바라보고 있다.

술자리는 길어지고 고래처럼, 폭포처럼 술 마시며 노래한다.	酒長にして鯨飲瀧呑酔且っ唱ふ
서서 춤추는 사람도 있고 엎드려 술 마시는 사람도 있다.	立て踊るあれバ伏して飲むあり
혹은 봉을 세우고 나무를 자르는 모습을 흉내 내기도 하고	或ハ棒を立てて木を切る模し
혹은 봉을 옆으로 하고 나무를 잘게 자르는 모습을 따라해 본다.	或ハ棒を横にして小切■るに擬す
각양각종의 노래가 있다. 한 곡이 끝날 때마다 박수갈채拍手喝采한다.	一曲終ることに拍手喝采に而して座席稠密
앉은 자리는 꽉 차고, 무릎과 무릎을 대고 등과 등을 맞대었다.	膝と膝とを接し背と背とを会す
이향異郷의 풍속이 묘미妙味있다.	異郷の風俗妙味あり

『濟州道旅行日誌』제2권 속에서

위의 인용은 그림에 붙은 설명이다. 일본인들이 술 먹고 노는 조선인들의 모습을 보고 적어놓은 것인데, 일본인들의 눈에는 조선인들이 술을 마시는 모습이 고래가 술 먹는 듯, 폭포가 쏟아지는 듯 퍼먹고 있는 것처럼 보였던 것이다. "고래처럼 폭포처럼 술 먹는다"는 표현은 술을 잘 먹는 모습을 표현한 일본식 표현이다. 그 정도 조선인들의 술 마시는 모습에 놀라워하였다.

그러나 그들의 눈에 가장 신기하게 비쳤던 것은 사람과 사람의 거리감이었을 것이다. 무릎과 무릎을 대고, 등과 등을 맞대고 자리를 앉는 문화는 일본인들에게는 없었다. 한 곳에 밀집하여 서로 부딪히며 옹기종기 술을 마시는 조선인들의 술문화를 주인공은 "이향 풍속의 묘미"라고 기록하였던 것이다. 식민지 조선은 그들에게는 아직 낯선 이향의 땅이었다. 조선인의 술문화를 경험한 일본인들의 표정은 미소를 띠고 있는데 그들을 멸시하거나 술문화를 비하하는 발언은 보이지 않는다. 그러나 그들이 조선인들의 취태 모습을 한편으로는 우스꽝스럽게 그려 놓은 것을 무의식적으로 멸시하고 있다고 볼 수도 있다. 그러나 식민자인 일본인들이 피식민자인 제주도민을 초대하여 자리를 함께 했고, 그것이 제주도라서 가능했던 일인지는 알 수 없으나 사업 진행을 위해 민간적인 차원의 접촉이 있었다는 것을 보여주는 귀한 자료이다.

그림을 보면 알듯이 이곳에 초청을 받은 사람은 갓을 쓴 양반어른들이다. 실질적으로 인력으로 동원되는 인부들이 아닌 현지의 실권자들을 초청하였던 것으로 생각된다. 그들에게 어떤 이유 없이 잔치를 베풀어주었다고는 생각할 수 없다. 앞으로 버섯재배를 원활히 수행하기 위해 계략적인 방책으로 썼던 것으로 이해할 수도 있다. 잔치가 베풀어진 다음날 6월 15일에는 제3재배지의 일부를 이용하여 건조장으로 만들었는데, 이때부터 조선인 인부가 대거 동원되고 있다.

그러나 앞 장에서 살핀 바 7월의 버섯재배 시험단계에서는 조선인 인부들을 쓰지 않는다. 종자를 심는 작업부터 채집, 건조에 이르기까지 조선인 인부의 모습은 보이지 않는다. 조선인 인부가 동원되는 것은 오직 다리를 건설하거나 집을 지을 때, 혹은 지게를 지고 동행할 때로 한정되어 있으며, 버섯재배작업에는 일체 동원되지는 않았다. 버섯재배의 초기 시험단계였다는 이유도 있지만 일본인들은 조선인을 단순히 노동력으로 이용하였다. 산 속에서 식사할 때 일본인은 혼자 도시락을 먹으며, 조선인들은 한 그릇을 둘러싸고 함께 먹는 모습 등이 그것을 보여주고 있다.

그림일기를 볼 때 버섯재배로 제주도에 거주한 일본인들과 현지 제주도 사람들과의 개인적인 접촉은 거의 없었다. 그림에서 보는 듯이 그들은 항상 높은 자리에 앉고 조선인들 사이에 앉지 않았으며, 음식을 함께 먹지도 않았다. 또한 일본인들이 적극적으로 조선인과 접촉을 시도해보려는 모습도 보이지 않는다. 그림일기 속에서는 야마카와 토라키치山川寅吉라는 히고肥後 출신의 인부만이 찹쌀을 얻어오는 등 조선인과 접촉했다. 언어적 한계가 있었다고 하더라도 일본식 풍습과 식습관을 유지하는 등, 현지와 조화하려는 의지는 보이지 않는다. 반면에 조선인의 입장을 그림일기만 가지고 추측하기는 어려우나, 이 자료만을 가지고 볼 때 넉 달 동안 조선인들이 어떤 대항을 하거나 특별한 마찰은 없었던 것으로 보인다.

Ⅴ. 맺음말

『濟州道旅行日誌』는 첫 일본인 자본가인 후지타 간지로가 1905년에 버섯재배를 계획한 후 제주도의 버섯재배 사업지를 시찰하는데 동행한 화가에 의해 그려진 것이다. 그림일기 속에 그가 세 곳의 버섯재배지를 발족하여 귀도를 향했다는 기록을 보면 그의 첫 재배였다고 추정할 수도 있다. 어쨌든 이 책의 주요인물이 실존인물이라는 것을 보아 제주도 버섯재배의 초기 단계에 그려졌다고 생각된다.

그림의 주인공인 후지타는 1905년 이후 처음으로 제주도에서 일본수출을 목적으로 버섯재배를 시작한 인물이다. 그는 제주도에 입도한 후 세 군데 버섯재배지를 발족하여 두 곳을 재배지로, 한 곳을 건조장으로 만들어 초기 식민지 산업경영의 터를 만들었다. 본인이 재배지에 직접 나서서 감독 지시하고 한 나무에서 발생하는 버섯 수를 세는 등 치밀한 모습을 보여주고 있는데, 이렇게 건설한 버섯재배지를 바탕으로 1935년에는 조선물산공진회에서 표고버섯 부분에서 수상하기에 이르렀다. 그의 경영 사례는 국가가 주도한 대규모의 식민지경영이 아닌 초기 개인자본가들에 의한 식민지경영의 대표적 사례로 볼 수 있다.

이 단계에서 일본인과 제주도민의 관계는 접촉이 적고 나쁘지는 않았다. 일본인들이 제주도에 거주하면서 버섯재배사업 외에는 조선인을 인력으로 동원하였으나, 버섯재배사업에는 어떤 사소한 일에도 직접적으로 관여시키지 않았다. 또한 일본인들의 제주도와 제주도 풍습에 대한 인상은 이질적이긴 하였으나 특별히 야만시하지는 않았다. 그러나 적극적으로 조화하려는 시도 또한 보이지 않았으며, 그들은 단지 버섯재배사업이 원활하게 이루어지기만을 기도했던 것으로 생각된다.

식민지시기 일본인의 조선 이주에 관한 분석은 이제까지 이주인구의 추이, 이주 목적, 그에 대한 조선인의 대응 등 역사자료를 바탕으로 한 분석이 주로 이루어졌다. 그러나 자료 부족으로 인해 구체적인 모습에 관해서는 연구되지 않았다. 그런 면에서 이 그림일기는 매우 자세하게 기록되어 있어서 앞으로 초기 일본인 자본가의 식민지 경영의 구체적인 사례, 또는 제주거주 일본인의 생활상, 제주도민들의 민속 등을 연구하는 자료로서 활용할 가치가 높다.

참고문헌參考文獻

자료

『濟州道旅行日誌』 제1권

『濟州道旅行日誌』 제2권

『濟州道旅行日誌』 제3권

『濟州道旅行日誌』 부록

『조선총독부관보 중 제주록』, 제주도, 1995.

『濟州道誌』 제2권, 제주도, 2005.

『未開の寶庫 濟州道』(제주도청, 1924), 경인문화사, 1995.

矢津昌永, 『朝鮮西伯利紀行』, 丸善, 1894.

佐藤政次郎, 『韓半島の新日本 一名, 韓国起業案内』, 佐藤政次郎, 1904.

山本庫太郎, 『朝鮮移住案内』, 民友社, 1904.

神戸正雄, 『朝鮮農業移民論』, 有斐閣書房, 1910.

논저

김다래, 「이주와 지배: 개항이후 부산거주 일본인에 관한 연구(1876-1910)」, 『경제연구』 제27권, 2009.

이규주, 「20세기 초 일본인 농업이민의 한국이주」, 『대동문화연구』 제43집, 2002.

박진우, 「개항기 부산에서 본 일본의 조선인식」, 『한일민족문제연구』, 2004.

허경진, 『하버드에 소장된 한국의 고서들』, 웅진북스, 2003.

高秉雲, 『近代朝鮮租界史の研究』, 雄山閣出版, 1987.

永島広紀, 「一進会の日本人顧問」(第５回東アジア近代史学会研究大会研究大会-世紀転換期の東アジア, 2000.

A Mushroom Talk: From Natural Delicacy to Colonial Object

Kim, Sun Joo

The *Travelogue from Cheju Island* (濟州嶋旅行日誌; J. *Saishūtō ryokō nisshi*; K. *Cheju-do yŏhaeng ilchi*; hereafter *Travelogue*) consists of four volumes of black-and-white as well as colored ink drawings, along with short written journal entries to explain many of the depicted scenes.[1] The first three volumes portray the author-illustrator's journey with two other men from Tokyo to Shimonoseki, Japan, by train, then to the southern part of the Korean Peninsula and to their destination on Cheju Island (Korea's largest island) by ship, and finally back to Japan via the southern part of the Korean Peninsula. The journey begins on May 10 and ends on September 27 of an unspecified year. Stages of shiitake mushroom cultivation on Cheju Island and views of sightseeing spots elsewhere on the island are illustrated in these three volumes. The fourth volume includes drawings of agricultural implements, kitchen tools, and other ordinary items used by the people of Cheju Island as well as 12 paintings that depict the cycle of barley cultivation.

1 The call number of this book at the Harvard-Yenching Library is TJ 3494.9 4633, and HOLLIS number is 007708053.

The year of this travelogue's production is not recorded. However, information from the book enables us to narrow it down to 1909.[2] First of all, the author and his two companions traveled by the Shimonoseki-Pusan ferryboat (関釜連絡線; J. *Kanpu renrakusen*; K. Kwanbu yŏllaksŏn), which began service on September 1905 by the private company Sanyō kisen 山陽汽船, though the Japanese national railway authority took over its operation in December 1906.[3] The author also notes that the ferry they took was the *Egesanmaru* (会下山丸; *Yekesanmaru* in the old pronunciation), which we know was a privately owned boat first introduced for the Hakodate-Aomori line.[4] *Egesanmaru* was originally hired for the Shimonoseki-Pusan line in August 1907 as a replacement ship to cover regular ferry boats under repair. Soon it enabled the addition of one round-trip every other day to the regular daily departure.[5] Since the author's trip began in May, this means that it could not have taken place earlier than 1908.

Second, the author uses such expressions as "return to home country" 歸國 in the June 7 entry, and "国人" for "Japanese," in contrast to "韓人" for "Koreans" in the June 14 entry and other places. In addition, he calls Korea "韓国" (J. Kankoku; K. Han'guk), which is an abbreviation for Taehan cheguk (大韓帝國 Great Han Empire, 1897~1910). According to Motokazu Matsutani, a historian of Korea at Tohoku Gakuin University, this particular

2 Makiko Okamoto at Tsuda College in Tokyo, a specialist in Japanese political history and colonial bureaucracy, provided assistance in determining the date of the book, and I would like to offer my thanks to her.

3 "Kanpu sen kako oyobi shorai 関釜線過去及将来" in *Keijo Nippō* 京城日報, December 1, 1912. The article is viewable here. http://www.lib.kobe-u.ac.jp/das/jsp/ja/ContentViewM.jsp?METAID=00100457&TYPE=IMAGE_FILE&POS=1 (accessed on October 7, 2014).

4 See http://nekonote.jp/korea/old/tr/ship/yosen.html and http://nekonote.jp/korea/old/ren-data.html (accessed on November 20, 2013). The *Yekesanmaru* as a ferryboat from Hakodate, Hokkaido, during the pre-war period is featured in the following website: http://archives.c.fun.ac.jp/fronts/detail/postcards/4f0ac4edea8e8a0b700000d2 (accessed on May 13, 2014).

5 "Kanpu sen kako oyobi shorai 関釜線過去及将来" in *Keijo Nippō* 京城日報, December 1, 1912.

name for Korea appears on official Japanese documents only during the years 1897~1910. During the colonial period (1910~1945), Korea was referred to in Japan as "Chōsen" (朝鮮), while in the postwar period "Kankoku" has been reserved for South Korea. Given the fact that the Japan-Korea Annexation Treaty was signed on August 22, 1910—and that the *Travelogue* ends on September 27 without any mention or hint of annexation, and with a clear understanding of Korea as a separate country from Japan—we can conclude that the author's trip took place in either 1908 or 1909.

The date can be further pinpointed by the fact that in his June 16 entry, the author notes that shiitake mushroom spawn were planted on logs prepared in 1908 (Meiji 41). Finally, the monthly report made by the Government-General of Korea in December 1912 mentions that several Japanese businessmen had invested in shiitake cultivation on Cheju Island again in 1909, after the failure of an initial attempt in 1906.[6] Therefore, the *Travelogue* must cover May through September of 1909.

P'yogo in Korea

Although the author-illustrator of the *Travelogue* took the time to tour some scenic parts of the volcanic island of Cheju, which is arguably the most renowned tourist site in present-day Korea for its exotic beauty and subtropical

6 *Chōsen sōtokufu geppō* 朝鮮總督府月報, vol. 2, no. 12 (1912): pp. 66~69.

climate, the primary purpose of the trip was to survey and assist in the growing of shiitake mushrooms on Cheju. Koreans as well as Japanese had eaten shiitake mushrooms for many centuries. The Korean name for shiitake mushrooms is *p'yogo* 표고, though in Chosŏn-dynasty (1392~1897) sources it is written with a number of different Chinese characters, such as 藨菰, 藨菇, 標蒿, 蔈膏, 蔈古, and, most frequently, 票古. The name also appears as 香簟 or 香菇, as Chinese often called the mushroom, and as 椎茸, as the Japanese named it (椎茸 is the name that the term "shiitake" comes from). It also has different names depending on growing season and on quality. The very best shiitake, called *hwago* 花菇, grows slowly in the early spring and thus has a tender and meaty texture, cracked surface, and pungent, earthy smell. Shiitake grown in the spring are in general called *tonggo* 冬菇 and are usually preferred to those grown in summer because the growth rate in a hot climate is rapid, causing the mushrooms to retain more water and subsequently have less taste.[7] The author and his group experimented with shiitake cultivation in the summer months on Cheju, so they probably did not expect to produce top-quality shiitake.

One of the earliest historical records of shiitake mushrooms in Korea comes from a fifteenth-century geographical survey, the *Veritable Records of King Sejong's Geographic Survey* (*Sejong sillok chiriji* 世宗實錄地理志), in which shiitake are recorded as a local tribute tax item of 30 counties—mostly southern and southwestern coastal counties of Kyŏngsang and Chŏlla provinces, as well as all three counties of Cheju Island.[8] Kim Chŏng (金淨

7 I collected this information from this blog: http://navercast.naver.com/contents.nhn?rid=43&contents_id=8052 (accessed on May 26, 2014).

8 I conducted a keyword search with search words "Sejong, chiriji, *p'yogo*, 세종, 지리지, 표고" from the DB of Korean Classics database: http://db.itkc.or.kr/index.jsp?bizName=JO (accessed May 26, 2014). The search produced shiitake mushrooms as a local tribute tax item of 13 counties in Kyŏngsang Province and 14 in Chŏlla Province, plus all three counties of Cheju Island.

1486~1521), who wrote the "Record of Cheju's Natural Features" (Cheju p'ungt'o rok 濟州風土錄) during his exile to Cheju Island in 1521, mentions that shiitake mushrooms were abundant there,[9] and Hŏ Kyun (許筠 1569~1618) notes that shiitake produced on Cheju Island were the best.[10] Korea's shiitake mushrooms were one of the well-received tribute items in China.[11] Shiitake were also the best gift item in Seoul as Pak Hae-ch'ang's (朴海昌 1874~?) letter to his father Pak Chu-hyŏn (朴周鉉 1844~1910) in 1905 testifies.[12]

Shiitake mushrooms were also known for their medicinal effects. In *Treasures of Korean Medicine* (*Tongŭi pogam* 東醫寶鑑), compiled by Hŏ Chun (許浚 1546~1615), which is the most cherished traditional Korean medicinal manual in contemporary Korea, the shiitake mushroom is described as follows:

> It is gentle, with a sweet taste. It does not carry poison. It refreshes people's minds and stimulates the appetite. It stops nausea and diarrhea. It is pungent and tasty.[13]

9 Kim Chŏng, *Ch'ungam sŏnsaengjip* 冲庵先生集, kwŏn 4, Cheju p'ungt'o rok: http://db.itkc.or.kr/itkcdb/text/nodeViewIframe.jsp?bizName=MM&seojiId=kc_mm_a118&gunchaId=av004&muncheId=01&finId=038 (accessed on May 26, 2014).

10 Hŏ Kyun, *Sŏngsobubugo*惺所覆瓿藁, kwŏn 26, sŏlbu 說部5, tomundaejak 屠門大嚼: http://db.itkc.or.kr/index.jsp?bizName=MK&url=/itkcdb/text/nodeViewIframe.jsp?bizName=MK&seojiId=kc_mk_g007&gunchaId=av026&muncheId=01&finId=001&NodeId=&setid=4658384&Pos=0&TotalCount=1&searchUrl=ok (accessed on May 26, 2014).

11 *Munjong sillok* 文宗實錄, 1450.10.2.

12 See the following website for the letter: http://honam.chonbuk.ac.kr/search/search.jsp?id=11500. Father and son, who lived in Namwŏn, Chŏlla Province, passed the higher civil service examination in 1883 and 1894, respectively. See Wagner & Song Munkwa Roster of the Chosŏn Dynasty at: http://www.koreaa2z.com/munkwa/.

13 Hŏ Chun, *Tongŭi pogam*, glossed and annotated by Yi Nam-gu (Seoul: Pŏbin munhwasa, 2011), 1459.

Probably due to their tastiness, shiitake mushrooms seem to have been a popular cooking ingredient during the Chosŏn dynasty. In *Recipes for Good Taste* (*Ŭmsik timibang* 음식디미방), a late seventeenth-century cookbook written in vernacular Korean by Madam Chang (安東張氏 1598~1680), shiitake are used in at least 10 out of 95 recipes—vegetarian pot stickers, steamed dumplings, boiled dumplings, seafood dumplings, steamed stuffed sea cucumber, cod-skin wraps, ox-foot soup, pomegranate-shaped meatball soup, wax-gourd wraps, and stir-fried glass noodles.[14]

During the Chosŏn dynasty, Koreans must have collected naturally growing shiitake mushrooms from the forests, though it is possible that they also cultivated them, for they had information about how to grow them. One of the earliest records that discusses shiitake mushroom cultivation in East Asia is found in the fourteenth-century Chinese *Agricultural Manual* (*Nong shu* 農書), compiled by Wang Zhen (王禎) in 1333. After discussing mushrooms in general, the manual says:

> Plant spores in the third month. Gather rotten paper mulberry tree branches and leaves and bury them under the soil. Pour rice water over them to keep them moist. After two to three days, mushrooms appear. There is another method. Spread ripe manure along the furrows. Gather 6- to 7-*cun*-long [1 *cun* is about 3.33 cm] paper mulberry tree branches, and cut them and chop them. Spread them evenly [over the furrows] and cover them with soil in the same way in which

14 Andong Chang-ssi, *Ŭmsik timibang* (Taegu: Kyŏngbuk taehakkyo ch'ulp'anbu, 2003), 3, 6, 8, 9, 10, 12, 15, 18, 25, and 28. The cookbook has 146 recipes, of which 51 are for how to brew different kinds of alcoholic drinks. In this seventeenth-century book, "shittake mushroom" (*p'yogo*) is written 표고 in vernacular Korean, just as it is in Korea today.

vegetables are grown. Water them daily so that they stay moist. Eat the mushrooms as they grow. They can be regular side dishes.

These days, [people] in the mountains grow shiitake mushrooms, and they use this exact method, but by keeping them in shadowy areas. Select appropriate trees—such as maple, paper mulberry, willow, and the like—and cut them down. Chip the logs with an axe to make holes. Cover and press the surface with soil. [When] logs have rotted more than a year, chop shiitake mushrooms and fill the holes evenly with [the chopped mushroom particles]. Cover them with straw, leaves, and soil. Pour rice water [on them] from time to time. After several months, hit the logs with a club or hammer. This process is called "awakening the shiitake." When the climate becomes steamy and warm after snow and rain, shiitake appear. Although it takes a year to grow, the harvest is very abundant. After the harvest, remaining mycelium is still inside the logs and mushrooms will grow again the next year. Select an appropriate place thereafter to plant new spores every other year. Cook and eat the new harvest when fresh. Its smell is amazing. If dried under the sun, it becomes dried shiitake. Nowadays, poor people of the deep mountains and valleys grow mushrooms instead of plowing [to cultivate grain]. Mushrooms are like a product that Heaven sends down and [they are] profitable.[15]

In 1543, King Chungjong (中宗 r. 1506~1544) had his officials discuss whether this same *Agricultural Manual* should be printed and disseminated to the people, and Sŏng Se-ch'ang (成世昌 1481~1548) subsequently recommended its publication. Though it is uncertain whether or not it was printed, this book must have been known to

15 Miao Qiyu 缪启愉, *Nong shu yi zhu* 农书译注 (Jinan: Qi Lu shu she, 2009), vol. 1: pp. 235~38. Wenjiao Cai assisted me in locating the original excerpt.

the Chosŏn people.[16] In fact, Sŏ Ho-su (徐浩修 1736~1799), who compiled the late eighteenth-century *Agricultural Manual of Chosŏn* (*Haedong nongsŏ* 海東農書), regarded Wang Zhen's fourteenth-century *Agricultural Manual* as one of the two "masterpieces of agricultural manuals" of China.[17] In 1766, *Farm Management, an Augmented Edition* (*Chŭngbo sallim kyŏngje* 增補山林經濟) was compiled by Yu Chung-nim (柳重臨 1705~1771),[18] and it contains entries on shiitake mushrooms and their cultivation that are similar to those in Wang Chen's *Agricultural Manual*. These entries make it clear that the knowledge to grow mushrooms was available in Korea, though we do not know whether they were in fact cultivated there during the late Chosŏn period, and if so, how extensively. In its entry entitled "Shiitake Mushroom," the eighteenth-century *Farm Management* manual says:[19]

- It grows in the southern coastal region. There is no particular tree on which shiitake can grow. Sometimes, cut such trees [that grow shiitake] and place them in the shadow. Wait until the sixth or seventh month and cover them with rotten straw. Water them to keep them moist all the time. Then shiitake mushrooms appear. Some people say, "Shiitake easily appear if [people] pound the logs with the head of an axe from time to time."

16 *Chungjong sillok* 中宗實錄, 1543.11.5 and 1543.11.6.

17 Cited in Kim Yong-sŏp 金容燮, *Chosŏn hugi nonghaksa yŏn'gu* 朝鮮後期農學史硏究 (Seoul: Ilchogak, 1988), 330.

18 The original *Farm Management* (*Sallim kyŏngje* 山林經濟) was compiled by Hong Man-sŏn (洪萬選 1643~1715).

19 In this manual "shiitake mushroom" is written 蔴菰 in Chinese, followed by the Korean gloss 포고, which must be a variant spelling of *p'yogo* 표고. Yu Chung-nim, *Chŭngbo sallim kyŏngje* (Suwŏn: Nongch'on chinhŭngch'ŏng, 2003), II: 499. The methods for growing mushrooms in this book are similar to the ones introduced in the *Nong shu*, but not exactly identical. It seems that the author had information from the *Nong shu* and had made slight adjustments on his own to fit to Korean forest environment.

- It is very pungent and tasty. It refreshes people's minds and stimulates the appetite.

In the entry "How to Grow Shiitake Mushrooms," it says:[20]

- The following five kinds of trees—elm, willow, mulberry, locust, and paper mulberry tree—allow mushrooms to grow. Spread porridge—made of grain—over these tree logs and cover them with grass, and then mushrooms will grow.
- Collect rotten trees and leaves and cover them with soil. Keep them moist with rice water—waste water after washing rice—for two to three days. Then mushrooms appear. Rotten trees do not harm people from the beginning.
- There is another method. Spread ripe manure along the furrows. Gather 5- to 6-*ch'i*-long [1 *ch'i* is about 3 cm] rotten tree branches, and cut them and chop them. Spread them evenly over the furrows and cover them with soil in the same way in which vegetables are grown. Water them so that they stay moist. At first, when small mushrooms grow, cut them off. The next morning, mushrooms appear again; then, cut them off again. Those growing after removing three times are very big. Collect and eat them. They are most delicious.
- Those growing from pine trees, nettle trees, and oak trees are not poisonous. Yet those growing from maple trees, if eaten, could cause people to be unable to stop laughing and ultimately die.

20 Yu Chung-nim, *Chŭngbo sallim kyŏngje*, II: pp. 499~500.

- In general, those summer-growing mushrooms that do not have any patterns on the bottom part when viewed from underneath are extremely poisonous and thus kill people. Even if they are not poisonous, they harm people.

Shiitake in Japan

One of the earliest references to shiitake in Japan comes from the thirteenth century.[21] Dōgen (道元 1200~1253), the Japanese Buddhist monk who founded the Sōtō Zen sect (曹洞宗), documented the following episode in his *Lessons on Kitchen Duty* (*Tenzo kyōkun* 典座教訓) in 1237.[22] When he traveled to China to study Zen in 1223, Dōgen remained for the first few weeks on board ship in the port of Ningbo, near King Asoka Monastery, one of the most important Zen temples in China. On the fourth day of the fifth lunar month, Dōgen met an old Chinese monk who was visiting the ship to buy Japanese dried shiitake for a special occasion the next day at his Zen temple. The old monk's devotion to his cooking responsibilities deeply impressed Dōgen. Japanese dried shiitake was one of the popular export goods to China at the time.

21 This section on the history of the cultivation of shiitake in Japan was written primarily by Kuniko Yamada McVey. I include it in this essay with her generous permission.

22 Dōgen, *Dōgen Zenji zenshū* 2 道元禅師全集 第2巻, edited by Ōkubo Dōshū 大久保道舟 (Tokyo: Chikuma shobō, 1970), 298. Dōgen's *Tenzo kyōkun* is included in Zen Master Dōgen and Kōshō Uchiyama, *Refining your Life: From the Zen Kitchen to Enlightenment*, translated by Thomas Wright (New York and Tokyo: Weatherhill, 1983).

Later references to shiitake begin to appear in Japanese temple documents in the early fifteenth century, also in the context of cooking, while consumption by upper-class households was slowly growing as well. For example, shiitake are found in several entries in the fifteenth-century archives of Daitokuji (大徳寺), a Zen temple in Kyoto.[23] In the sixteenth century, shiitake appear in documents recording the menus of tea ceremonies and other special occasions held by the ruling class. Tea masters such as Tsuda Sōgyu (津田宗及 ?~1591), Sen Rikyu (千利休 1522~1591), and Imai Sōkyu (今井宗久 1520~1593) used shiitake in their highly formal events. The banquet in 1595 hosted by Tokugawa Ieyasu (徳川家康 1543~1616) for Toyotomi Hideyoshi (豊臣秀吉 1537~1598), then the ruler of Japan, included a shiitake dish as well.[24] These documents suggest that shiitake were rare and were treasured by the elites.

References to the cultivation of shiitake begin to appear in early seventeenth-century documents, with the Miyazaki and Wakayama regions being well known for producing high-quality shiitake. Miyazaki Yasusada (宮崎安貞 1623~1697), an agricultural scholar, included methods of cultivating shiitake in the fifth volume of his famous *Complete Collection on Agriculture* (*Nōgyō zensho* 農業全書) in 1697. The oldest book specializing in shiitake cultivation, *Onkosai's Essay on Five Positive Signs* (*Onkosai go zuihen* 温故斎五端篇), was written by Satō Shigehiro (佐藤成裕 1762~1848) in 1796.[25] Satō included topics such as how to select logs, management of spores, and drying shii-

23 *Daitokuji Shinjuan monjo* 大徳寺真珠庵文書, in *Dai Nihon Komonjo Iewake* 17 大日本古文書 家わけ第十七, edited by Tōkyō daigaku shiryo hensanjo (Tokyo: Tōkyō daigaku shuppankai, 1970), vols. 1 and 8, documents 1, 3, 6, and 1104.

24 "Bunroku 4-nen onariki 文禄四年御成記," in *Shinko Gunsho Ruiju Buke-bu* 409 新校群書類従 武家部 巻第四百九 (Tokyo: Naigai shoseki, 1940), vol. 17: pp. 637~640.

25 The National Diet Library of Japan has digitized the entire manuscript by Satō Shigehiro, and it can be viewed at: http://dl.ndl.go.jp/info:ndljp/pid/2536397?__lang=en (accessed on September 9, 2014).

take with fire. Satō was invited by several domains to teach his method of cultivating shiitake as a way to improve their fiscal condition. As a botanist, Satō left a hand-colored manuscript called *Onkosai's Mushroom Catalogue* (*Onkosai kinbu* 温故斎菌譜) as well.[26]

The early Edo-period (1603~1868) cookbook *Tales of Cooking* (*Ryōri monogatari* 料理物語), dated 1643, includes instructions on how to use dried shiitake.[27] *Night Tales of Kasshi* (*Kasshi yawa* 甲子夜話)—278 volumes of essays written by Matsura Seizan (松浦静山 1760~1841), the lord of Hirado domain, covering a wide range of topics—has five entries in which shiitake are mentioned, including the menu of a banquet at which he hosted Russian envoys sent by Catherine the Great in 1793.[28] Major Edo-period references such as the *Illustrated Sino-Japanese Encyclopedia* (*Wakan sansei zue* 和漢三才図会, 1712)[29] and *Encyclopedia of Japanese Diet* (*Honchō shokkan* 本朝食鑑, 1697)[30] include a description of shiitake. Swedish Botanist Carl Peter Thunberg's *Flora Japonica* (1784) has an entry for shiitake as well.[31]

During the Meiji period (1868~1911), cultivation methods were gradually improved and modernized by incorporating scientific understanding. Umebara Kanjū's (梅原寛重 1843~1911) *Promoting Agriculture Series: Self-Guided Methods for Shiitake Cultivation* (*Kannō sōsho shiitake seizō hitori annai* 勧農叢書椎茸製造独案内, 1887) is the ear-

26 The manuscript, digitized by the National Diet Library of Japan, can be viewed at: http://dl.ndl.go.jp/info:ndljp/pid/2536493?__lang=en (accessed on September 9, 2014).

27 *Ryori Monogatari* 料理物語, in *Edo jidai ryōribon shūsei* 1 江戸時代料理本集成 第1巻 (Kyoto: Rinsen shoten, 1978), 36.

28 Matsura Seizan 松浦静山, *Kasshi yawa* 甲子夜話続篇一, in Tōyō bunko 360 (Tokyo: Heibonsha, 1979), pp.236~238.

29 Terashima Ryoan寺島良安, *Wakan sansei zue* 和漢三才図会 (Tokyo : Yoshikawa kōbunkan, 1906), 1420.

30 Ono Hitsudai 小野必大, *Honcho shokkan* 本朝食鑑, in *Shokumotsu honzō Taisei* 9 食物本草大成 第9巻 (Kyoto: Rinsen shoten, 1980), p.296.

31 See "sitaki," under "Fungi Agaricus" in Caroli Petri Thvnberg, *Flora Japonica* (Lipsiae: In bibliopolio I.G. Mülleriano, 1784), p.347.

liest book of its kind.[32] As the title suggests, it is a self-learning guide for shiitake production as a part of the series promoting agriculture. Mimura Shōzaburo's (三村鐘三郎 1869~1935) *A Summary of Artificial Germination Method for Growing Shiitake* (*Jinkō hashu shiitake saibaihō taiyō* 人工播種椎茸栽培法大要, 1909) introduces a scientific method of artificial germination.[33] Mimura's method helped establish artificial shiitake cultivation while also improving its productivity in the early twentieth century.[34]

The National Diet Library (NDL) of Japan houses 45 books on shiitake cultivation published between 1868 and 1920; in the same period, 64 journal articles on shiitake are found in NDL holdings.[35] Most books and articles are for practitioners, but some are scholarly. Such a large number of publications suggest a rather high interest in efficient cultivation of shiitake. A keyword search for "shiitake" in the Japanese daily newspaper *Asahi shinbun* (朝日新聞) between 1879 and 1920 yielded 125 articles and advertisements, most of which were agriculture- and trade-related. NDL even holds a popular music recording disk entitled "Shiitake Song" (*Shiitake ondo* 椎茸音頭), issued by Columbia Record Company in 1900.

These publications may have stimulated the entrepreneurial spirit of many Japanese at the time, including the *Travelogue* author's main companion, Mr. Fujita Kanjirō, a businessman from Ehime Prefecture. According to

32 The National Diet Library of Japan has digitized this book and made it publicly available here: http://dl.ndl.go.jp/info:ndljp/pid/842263 (accessed on September 9, 2014).

33 Ibid. http://dl.ndl.go.jp/info:ndljp/pid/842315 (accessed on September 9, 2014).

34 Mimura's long article "Shiitake shushi saibaihō" 椎茸種子栽培法 (How to produce shiitake spores) was carried in the major daily newspaper *Asahi shinbun* on March 9, 1908.

35 Search was conducted on June 30, 2014.

Takenaka Yō (竹中要), a botanist who visited Cheju Island in 1933 for his research, the success of the shiitake cultivation business on Cheju brought many Japanese to the island following Mr. Fujita Kanjirō's pioneering move in 1906, while more than 30,000 islanders went to Japan.[36] Shiitake had been listed as a main Japanese export product ever since the first national statistics were prepared in 1874. In 1874, 525,000 *kin* (1 *kin* 斤 = 0.6 kg) of shiitake were exported, valued at 214,000 yen; in 1875, 625,000 *kin*, valued at 250,000 yen; in 1876, 851,000 *kin*, valued at 355,000 yen; in 1877, 878,000 *kin*, valued at 329,000 yen; and in 1880, 1,243,000 *kin* were exported, valued at 340,000 yen.[37] According to the English publication on commerce and industry published by the Japanese government in 1893, "shiitake" was a class 3 export commodity, and in 1887~1891, 98 percent of the shiitake that Japan exported went to China and Hong Kong.[38] In 1891, shiitake was the nineteenth highest-value exported commodity (at 156,226 yen), out of total exports valued at 49,185,511 yen.[39] The earliest statistics on shiitake production are from 1905, with 1,606,655 *kin* produced, valued at 858,244 yen; this had grown 150 percent by 1916, when 2,412,311 *kin* were produced, valued at 1,798,093 yen.[40] Shiitake indeed played a critical economic role in late nineteenth- and early twentieth-century Japan.

36 Takenaka Yō 竹中要, "Somei Yoshino Sakura no gensanchi ni tsuite 染井吉野桜の原産地に就て", in *Shiseki meishō tennen kinennbutsu* 史跡名勝天然記念物, vol. 11, no. 1 (1936): 27~34.

37 *Nihon teikoku tōkei nenkan* 1 日本帝國統計年鑑 第1回 (Tokyo: Tōkei Kyōkai, 1882), 299.

38 Bureau of Commerce and Industry, Department of Agriculture and Commerce, *General View of Commerce & Industry in the Empire of Japan* (Tokyo: M. Ōnuki, 1893), 119.

39 Ibid., pp.14~15.

40 Tōa keizai chōsakyoku 東亜経済調査局, *Shiitake no seisan to yushutsu jijō* 椎茸の生産と輸出事情 (Tokyo: Tōa Keizai chōsakyoku, 1931), pp.34~35.

Shiitake Business Opportunities in Korea for Japanese

One of the earliest Korean sources that reveals Japanese business interests in shiitake cultivation in Korea is the monopoly licensing contract granted by Korea's Emperor Kojong on January 15, 1905. According to the botanist Takenaka Yō, Fujita Kanjirō, the *Travelogue* author's businessman-companion, had started a shiitake plantation on Cheju Island after presumably obtaining a ten-year license from the Korean government in 1905, and this was the beginning of shiitake production on the island.[41] The contract permitted Japanese to grow and sell shiitake in various local areas in Korea, although it seems that this contract had become void, as discussed below.

The text of the 1905 contract first of all declares that all matters concerning the cultivation and sale of shiitake mushrooms everywhere within the Great Han Empire belong to Korea's Imperial Household. The contract was reportedly written up in collaboration between Yi Se-jik (李世稙 1860?~?) on behalf of Korea's emperor and four Japanese representatives of the Japan-Korea Friends Association (Nikkan Dōshi Kumiai 日韓同志組合), and was signed by Acting Minister Yi Chae-gŭk (李載克 1864~?) of the Ministry of Imperial Household (Kungnaebu 宮內府).[42] The

41 Takenaka Yō, "Somei Yoshino Sakura no gensanchi ni tsuite," pp.27~34.

42 Yi Se-jik was also known as Yi Il-jik (李逸稙). He was responsible for plotting the assassination of Kim Ok-kyun (金玉均 1851~1894), one of the leaders of the failed coup of 1884, in 1894 in Shanghai. He frequently appears in Korea's official documents as well as Japanese diplomatic documents from 1892 to 1907 as someone who seems to have earned great trust from Emperor Kojong. The monopoly licensing contract on shiitake mushrooms was one of 23 similar contracts made between the same parties in January 1905. Not much is known about the Japan-Korea Friends Association. The four Japanese representatives of the Association mentioned were Oshikawa Masayoshi (押川方義), Matsumoto Buhei (松本武平), Moribe Torahisa (or Moribe Inju 毛利部寅壽), and Iwamoto Yoshiharu (巖本善治). For an in-depth study of Yi Se-jik, Kim Sun Joo, "Yi Se-jik (Yi Il-jik) ŭi hwaltong ŭl t'onghaesŏ pon Taehan Chegukki chŏngch'i wa oegyo 이세직(이일직)의 활동을 통해서 본 대한제국기 정치와 외교," Yŏksa wa Hyŏnsil 역사와 현실 99 (2016)

content of its thirteen articles is as follows:[43]

1. The exclusive right to grow and sell shiitake mushrooms in various places is granted to the representatives of the Japan-Korea Friends Association (JKFS).
2. The representatives of the JKFS shall supply the necessary capital to carry out the aforementioned business.
3. The Emperor of the Great Han Empire shall dispatch ten or fewer officials to supervise the business, and also to review all the accounting books at the end of the year. Three or fewer among those ten shall be invited from foreign nationals.
4. In cases in which those representatives of the JKFS, after calculating the best timing, request an imperial announcement in regard to this, the Emperor of the Great Han Empire shall make an announcement of this contract to the public so as to provide various accommodations for the accomplishment of this business.
5. Only the representatives of the JKFS shall select and hire those people who will carry out this business.
6. The yearly gross income, less the expenses specified in Article Two, is the net profit. Twenty percent of the net profit shall be submitted to the Imperial Household and the remaining 80 percent shall be given to the JKFS. However, [such taxes shall be levied] only from the fourth year after each business site is opened.
7. The representatives of the JKFS shall contribute 50,000 yen to the Emperor of the Great Han Empire by July 31, 1905.

43 *Chuhan ilbon kongsagwan kirok* 25, 6 Han'guk hwangje milch'ik kŭp kyeyak, (36) Han'gungnae kak chibang ch'ui chaebae p'anmaegwŏn t'ŭkhŏ kyeyaksŏ 駐韓日本公使館記錄 25권, 六. 韓國皇帝密勅及契約, (36) 韓國內 各地方 椎茸栽培 販賣權 特許契約書: http://db.history.go.kr/item/level.do?levelId=jh_025_0060_0360.

8. The contract term is 25 years.

9. This special right has not been granted to anyone before, and shall not be granted to anyone else.

10. If the contribution specified in Article Seven is not made by July 31, 1905, this contract shall be null and void.

11. If the said Association cheats and covers up at the time of dividing the net profit and such deception is discovered, this contract shall be immediately broken.

12. Only after submitting the contribution specified in Article Seven can the business activities begin.

13. Other unspecified items shall be amended later.

This contract would appear to have been approved by the Korean emperor and signed by the minister of the Imperial Household, given the presence of multiple seals of the Ministry of Imperial Household on the contract. However, an October 23, 1905 article in the *Imperial Gazette* (*Hwangsŏng sinmun* 皇城新聞) reveals that this contract—along with 22 other similar ones concerning such business interests as land reclamation, transportation, fishery, sugar, salt, brewery, tobacco, and camphor made between the Imperial Household and the aforementioned four representatives of the JKFA with the facilitation of Yi Se-jik—was not ratified by the State Council (Ŭijŏngbu 議政府) and was thus invalid, according to a report made by the Court of Justice (P'yŏngniwŏn 平理院) to the Ministry of Justice (Pŏppu 法部). Yi Se-jik, who had reportedly escaped from his lifetime exile to Cheju Island in 1899 and facilitated these contracts, was blamed for damaging the reputation of the state by engaging in these illegal contracting activities, and was once more sentenced to a lifetime banishment, after a beating of 100 strokes with a light stick for committing such a crime.[44]

Earlier, on July 11, 1905, the Japanese government, which had conducted its own investigation of this incident, reproached the Korean government for violating the Korea-Japan Treaty made in February 1904 and the First Japan-Korea Agreement made in August 1904, which required that the Korean government consult the Japanese government before making any concession contracts with foreigners, and demanded that the Korean government officially announce the invalidity of those contracts.[45] On July 17, 1905, Minister of Foreign Affairs Yi Ha-yŏng (李夏榮 1858~1929) thus advised the Korean emperor that all the contracts negotiated by Yi Se-jik and others not only violated the articles of the 1904 Treaty but had not been ratified by due process, and were therefore invalid. Yi Ha-yŏng then asked for an imperial announcement that any concession contracts must follow due process to be effective, and also asked the emperor to punish criminals such as Yi Se-jik in relation to this incident.[46]

Given these developments, the January 1905 monopoly licensing contract awarded to the JKFA to grow and sell shiitake mushrooms on Cheju Island must have been nullified. Moreover, with the signing of the Protectorate Treaty in November 1905 (also known as the Second Japan-Korea Agreement), which made Korea Japan's protectorate and completely took away Korea's sovereignty, the Japanese Resident-General (統監府; K. T'onggambu; J. Tōkanfu) must have retained all power to grant business licensing to foreigners, including Japanese. According to an article

44 *Hwangsŏng sinmun*, October 23, 1905. Also see *Kojong sillok* 高宗實錄, October 22, 1905.

45 *Chuhan ilbon kongsagwan kirok* 26, 8 oebuwang, (19) hanil tongji chohap kwaŭi saŏp t'ŭkhŏ kwan'gye tŭng chunhŏ e taehan kongjŏk haemyŏng yogu kaksŏ 駐韓日本公使館記錄 26권, 八. 外部往, (18) 韓日同志組合과의 事業特許關係等 准許에 대한 公的解明要求 覺書: http://db.history.go.kr/item/level.do?levelId=jh_026_0080_0180.

46 *Kojong sillok*, July 17, 1905.

published in the *Imperial Gazette* on April 9, 1906, three Japanese had arrived on Cheju Island with the intention of producing charcoal and growing shiitake mushroom. Even after the Cheju magistrate's notification that they should get a permit from the central government before proceeding, the men were reportedly adamant and planned to move ahead with business operations.[47] Receiving the Cheju magistrate's report on these Japanese illegal activities, on April 16, 1906 Minister Yi Chi-yong (李址鎔 1870~1928) of the Ministry of the Interior (Naebu 內部) requested that the State Council prohibit Japanese business activities, including shiitake cultivation on Cheju Island.[48] Despite this effort to prohibit them, Japanese entrepreneurs from a company called Tōeisha (東瀛社) set about their businesses, supposedly with permission from the Cheju magistrate. According to an April 25, 1906 report made by Cheju's financial advisor (*chaemugwan* 財務官), who was himself a Japanese, the Japanese businessmen had successfully argued that they planned to improve the quality of shiitake mushrooms produced on Cheju Island and also to use new techniques to make better charcoal, using only miscellaneous trees and not harming any other forest resources.[49]

The First Japan-Korea Agreement, made in August 1904, had ushered in an era of "government by advisors" by forcing Korea to hire foreign advisors to oversee key government affairs, including finance. In September 1905, finance advisor Megata Tanetarō (目賀田種太郎 1853~1926) arrived in Seoul and began to lead various financial and accounting reforms. One of these was to dispatch financial advisors to provincial governments.[50] After the Protector-

47 *Hwangsŏng sinmun*, April 9, 1906.

48 *Kaksa tŭngnok kŭndaep'yŏn* 各司謄錄近代編, Naebu kŏraean 1 內部來去案1: http://db.history.go.kr/item/level.do;jsessionid=F3101F88B6A2780B140A45C63EE54DEB?levelId=mk_024_0010_0180

49 *Hwangsŏng sinmun*, April 25, 1906.

50 Kuksa p'yŏnch'an wiwŏnhoe, ed., *Han'guksa* 한국사, vol. 42 (Kuksan p'yŏnch'anwiwŏnhoe, 1999), p.320.

ate Treaty was made in November 1905, first Resident-General Itō Hirobumi (伊藤博文 1841~1909) unleashed various local administrative reforms that confined local magistrates to overseeing executive functions alone, while separating out judicial and financial administrations.[51] When Tōeisha came to operate on Cheju in April 1906, all these administrative reforms were in flux and not yet totally in effect, so the presence and voice of the Japanese financial advisor must have played a role in enabling Tōeisha to establish its business there at this early date. According to a report on Cheju Island compiled by the Finance Audit Department within the Office of Resident-General (probably based on the report made by the same financial advisor mentioned above), the charcoal and mushroom businesses that Tōeisha established in 1906 were rather experimental and were thus more like a dry run than a full-fledged business venture.[52]

After the establishment of the Residency-General in late 1905, the Japanese government became actively involved in the colonization of Korea in all aspects, and "opening up undeveloped lands in and moving Japanese settlers to Korea" (K. *ch'ŏksik*; J. *takushoku* 拓殖) was one crucial component of this. Though the shiitake business must have been a small part of the *ch'ŏksik*, we see the colonial government's encouragement in this sector in the report made by the Government-General of Korea (Chōsen Sōtokufu 朝鮮總督府) in December 1912. In its monthly report, the Government-General introduces the shiitake business on Cheju Island as a promising enterprise for five

51 Kuksa p'yŏnch'an wiwŏnhoe, ed., *Han'guksa*, vol. 42: p.260.

52 T'onggambu chaejŏng kamsa-ch'ŏng 統監府財政監査廳, Cheju-do hyŏnhwang ilban 濟洲島現況一般 (Kyŏngsŏng 京城: T'onggambu 統監府, 1907), pp.61~62. According to this contemporary report, there were 206 Japanese in residence on Cheju in 1907, and several hundred more Japanese coming and going for fishing and trading. The Japanese economic stake in Cheju was still nascent at the time and was concentrated on the island's fishery. Cheju people, the report states, seemed friendly to Japanese, although, it adds, they must have felt jealous of Japanese.

reasons: (1) 70 to 80 percent of the trees growing on the island are suited to growing shiitake; (2) its climate is ideal for the business; (3) the slope is gentle, making the cultivation business easy; (4) Korean labor costs are low and the laborers are obedient; and (5) the cost of the raw materials—logs—is relatively cheap. Following this introduction, the report explains in depth the processes and methods of shiitake cultivation. As it forecasts the profitability of the business, it introduces one of the pioneering companies that had begun its experimental cultivation since 1906: none other than the aforementioned Tōeisha.

According to this December 1912 report, Tōeisha had lost their big investment in their initial try in 1906 because they had relied on an ineffective method for cultivating shiitake. However, in 1909 several businessmen invested in the business again, probably adopting Mimura Shōzaburo's new scientific method of artificial germination (mentioned earlier), and they were expecting a good harvest in 1912, since the fourth year after planting the spawn was the best harvest year. Though the spring harvest had not been satisfactory due to dry weather, they were expecting a bumper crop of shiitake in fall, the report says.[53] A news article published by the *Daily News* (*Maeil sinbo* 每日申報) on July 21, 1912 complements the Government-General's report. After stating that shiitake cultivation in Cheju is a promising business, as everyone knows, the article says that a Japanese businessman experimented with fruiting shiitake in the summertime because spring production that year in Cheju was very disappointing. The result was very successful. Not only was the harvest abundant but the price was high due to the mushrooms' good texture and

53 *Chōsen sōtokufu geppō* 朝鮮總督府月報, vol. 2, no. 12 (1912): pp.66~69.

taste.[54]

As the newspaper as well as the Government-General report note, the ideal fruiting seasons for shiitake are spring and fall, though summer fruiting is possible. Fujita Kanjirō and the author of the *Travelogue* were those pioneers in this business who came to Cheju to experiment with summer fruiting in 1909, after the failure of the initial try in 1906. The regular shiitake cultivation was a multi-year endeavor, producing a commercial harvest in its fourth, fifth, and sixth years, with the best quality and the largest amount produced in the fourth year. As of 1912, the profit after investing 4,376 yen for an entire cycle of six years, to grow 7,000 *kin* of shiitake on 1,000 felled trees, was expected to be 874 yen.[55] By 1918, there were at least 14 cultivation sites on Cheju Island and, by 1920, there were at least 21 growers on Cheju Island, producing 86,210 *kin* of shiitake mushrooms, which were worth 224,046 yen.[56] This yield and profit surpassed the forecast made in 1912. Because it was regarded as a profitable method of farming, shiitake cultivation spread to other parts of the Korean Peninsula during the colonial period.[57]

Korea lost its independence in foreign affairs and its control over domestic affairs by a series of agreements forced upon it by Japan in 1904 and 1905. After the November 1905 Protectorate Treaty, Korea was put under the rule of the Residency-General and was well on its way to colonization, which became official in 1910. As Jun Uchida aptly shows in her book *Brokers of Empire: Japanese Settler Colonialism in Korea, 1876~1945*, during these

54 *Maeil sinbo*, July 21, 1912.

55 *Chōsen sōtokufu geppō,* vol. 2, no.12 (1912): p.69.

56 *Maeil sinbo,* May 30, 1920.

57 For example, see *Tonga ilbo*, March 11 and 13, 1936; April 8, 1936; and April 27, 1939.

years "a wide array of [Japanese] people journeyed across the sea—not only soldiers and officials, but merchants, traders, prostitutes, journalists, teachers, and continental adventurers," remaking their lives on the Korean Peninsula and ultimately helping establish their nation's empire.[58] Apparently, after 1905 a lot more Japanese seeking new opportunities arrived in Korea.

The Japanese who came to grow shiitake mushrooms on Cheju Island in 1906 were among the earlier entrepreneurs seeking a business opportunity in a soon-to-be colony of Japan. We do not know under what licensing contract or privileges they received permission to experiment with shiitake cultivation on Cheju. Nor do we know whether or not this first group stayed on. For the unnamed author of the *Travelogue*, 1909 was his first visit to Korea. Yet when he arrived on Cheju Island, at least three shiitake cultivation sites were in operation and more than a dozen Japanese people, including three families and three adult male laborers, were residing there with their own houses and facilities. They were pioneers in the shiitake business on Cheju, and their employers were movers and shakers of Japanese colonialism on the ground. This *Travelogue*, then, gives us a very rare opportunity to increase our understanding of early Japanese settlers and entrepreneurs and their daily activities in Korea.

The drawings in the *Travelogue* also include elements of an amateur anthropological survey of the people and customs of Cheju Island by the author-illustrator, since the colonizing power always observes, investigates, and collects material about the colonized. Such collection of information is done not only to satisfy the colonizers' curiosity about exotic landscapes, customs, and people but to prepare for use of the colonized lands, people, and resources.

58 Jun Uchida, *Brokers of Empire: Japanese Settler Colonialism in Korea, 1876~1945* (Cambridge, Mass.: Harvard University Asia Center, 2011), pp.2~3.

The challenges that the first Japanese mushroom businessmen met in Cheju in 1906 were not limited to obtaining a business permit. Under the flag of advanced technologies and access to capital, they made their way into the forests of a foreign country with the intention of violating rules of conduct for the use of natural resources that had been established among the people of Cheju for many years. For charcoal production, they explained that their use of raw materials—trees—would meet the established practices and not infringe upon natives' forest use rights. Considering how many trees were chopped down to grow shiitake, however, as vividly illustrated in some of the drawings in the *Travelogue*, it is not difficult to imagine long-term damage to Cheju's forest and natural environment.

The colonizing power and settlers apparently did not care much about the harmful impacts of their capitalist investments on the colonized land. As we have seen, Government-General's monthly report for December 1912 on the profitability of the shiitake farming includes no entries either about the environmental impact caused by shiitake farming or about any measures to restore damaged forest, but only highlights the low cost of raw materials and labor. The growing investments in shiitake farming by Japanese entrepreneurs on Cheju Island would certainly have created more jobs for the native residents, and might have resulted in the transfer of advanced techniques in mushroom cultivation to the colonized. I do not intend to jump into the age-old debate on the pros and cons of colonization. Nevertheless, the *Travelogue* does allow us to get much closer to the heart of the issue, with its vibrant illustrations of shiitake farming, Japanese investors and specialists, Japanese and Korean workers, and the land and its natural resources that colonial opportunists tend to devour.

濟州嶋旅行日誌 影印

제주도 여행일지 영인

麦 十二
豊年
快樂

麦一
肥料

麦五 草切

麦三
種蒔

麦二
種合
朱蜻
青空
舞播
種小
春日

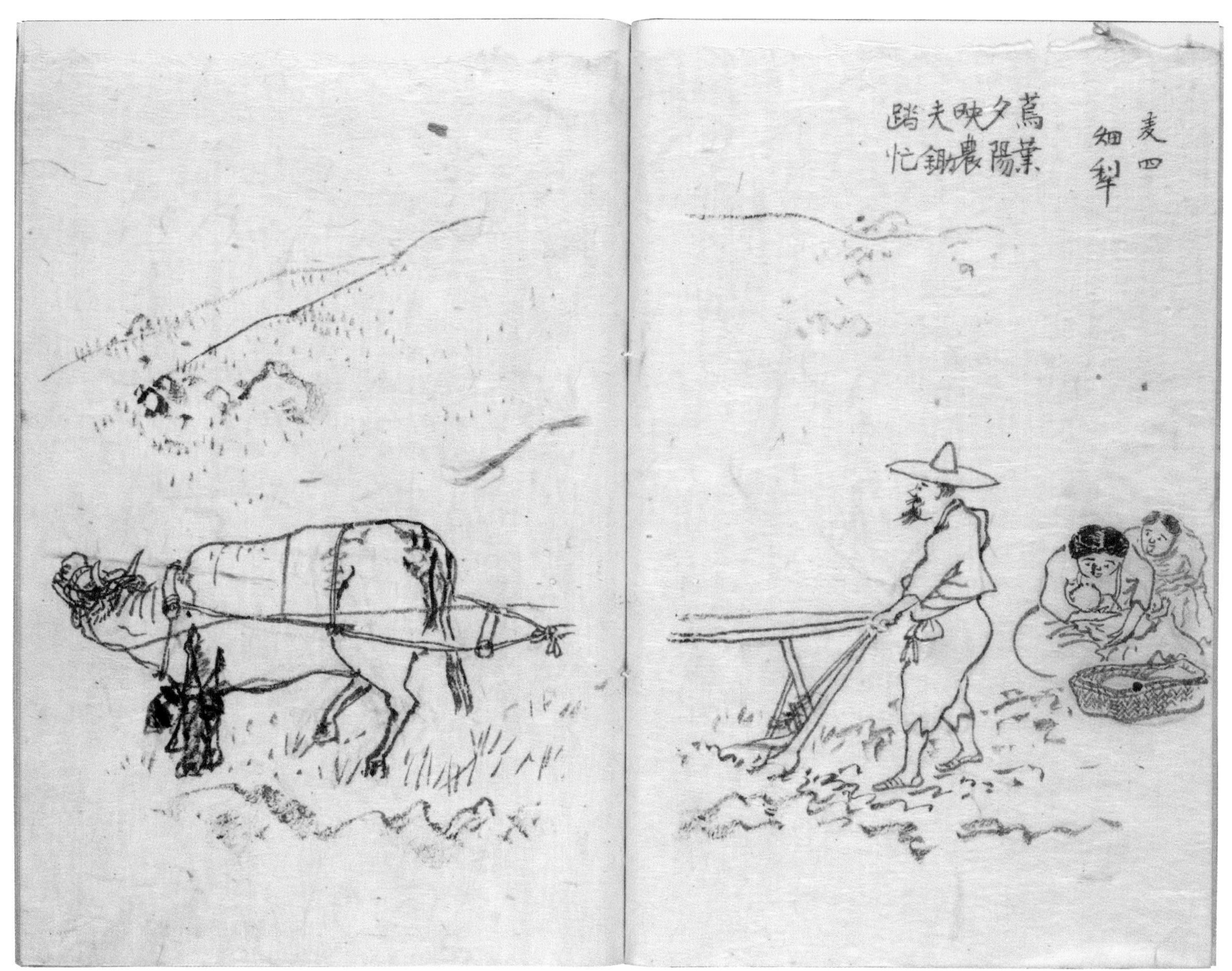
麦四畑犁
蔦葉夕陽映農夫鋤踏忙

霜雪幾十回辛苦麥穗重
麥六
麥荊

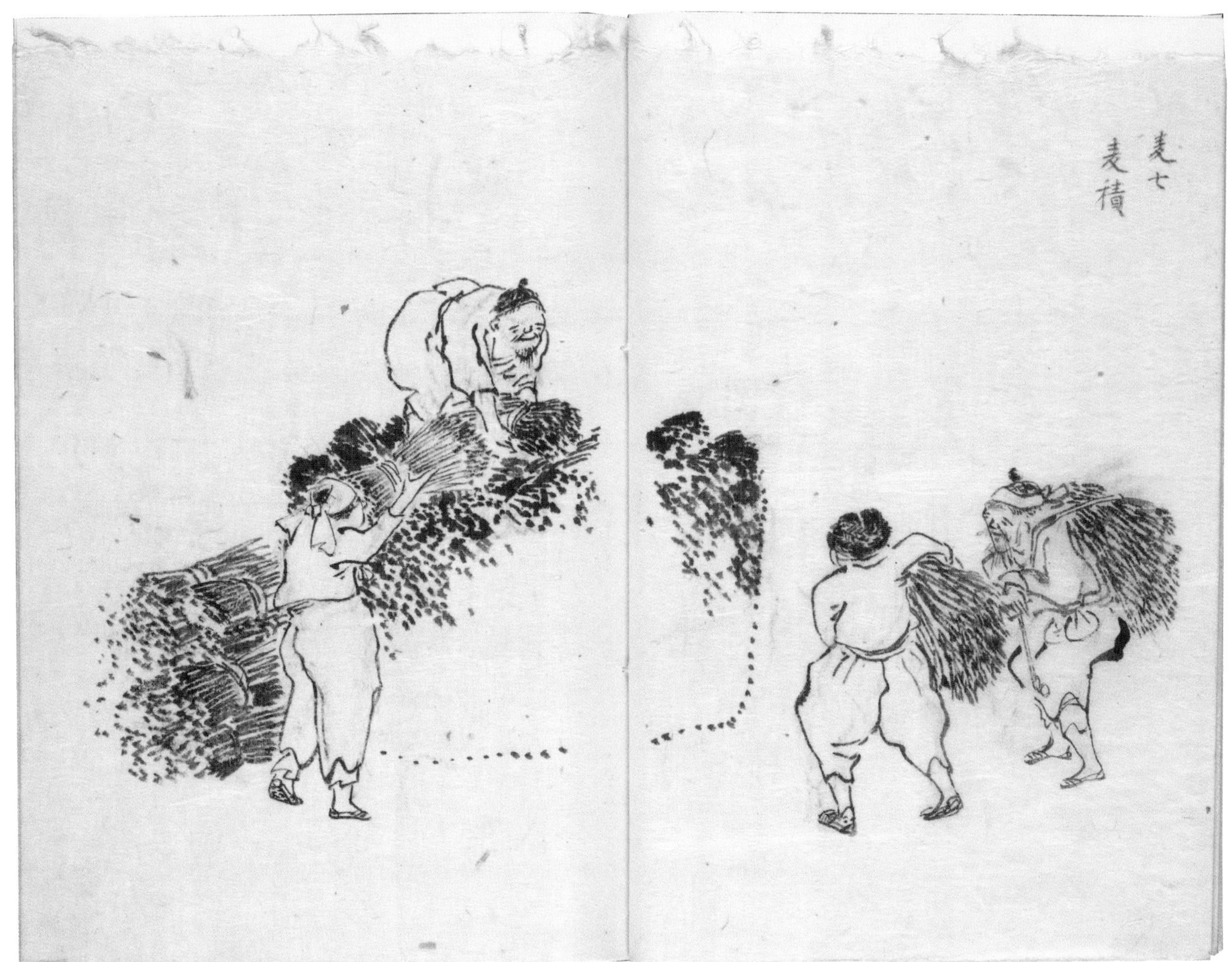
麦七
麦積

麦八
麦打

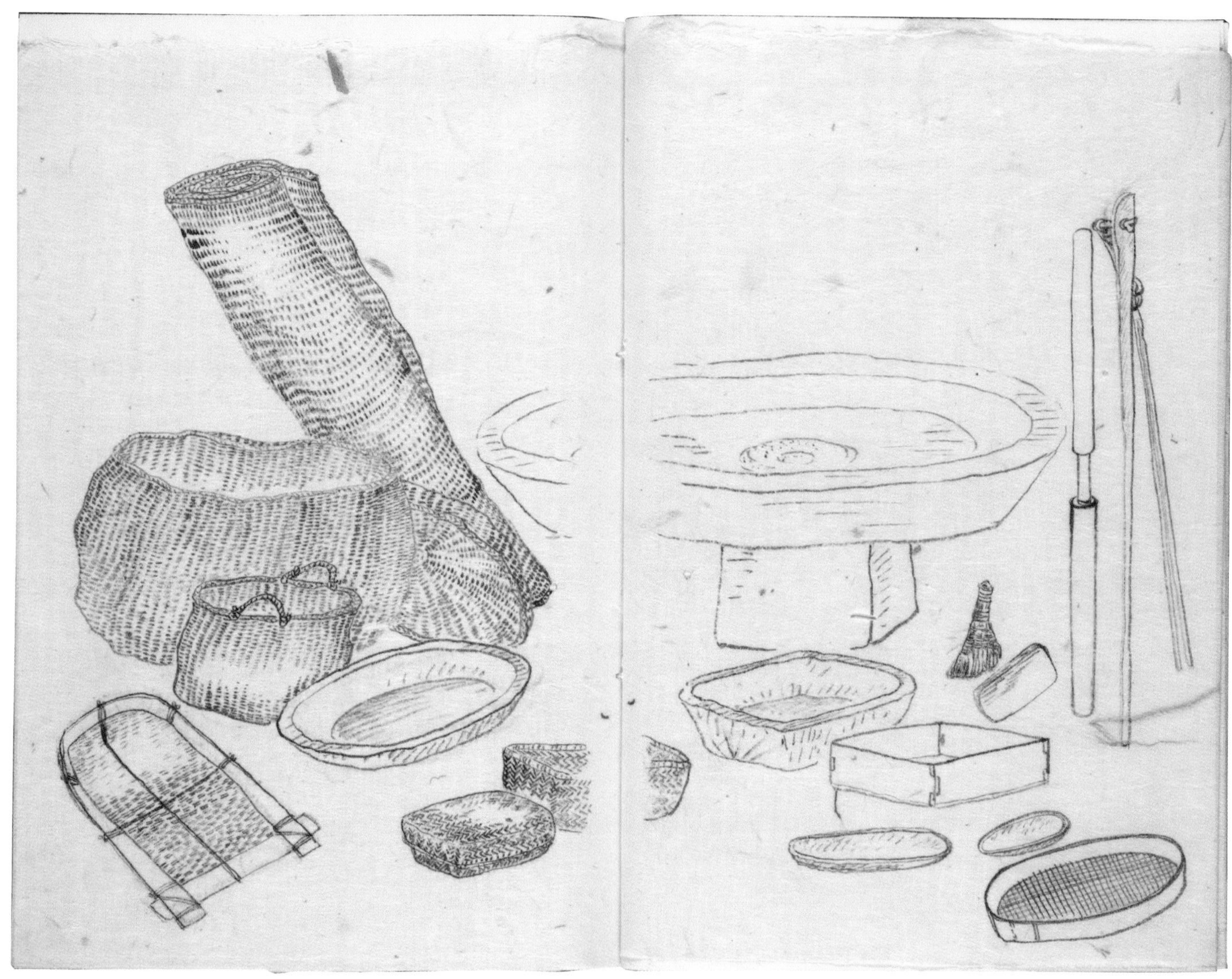

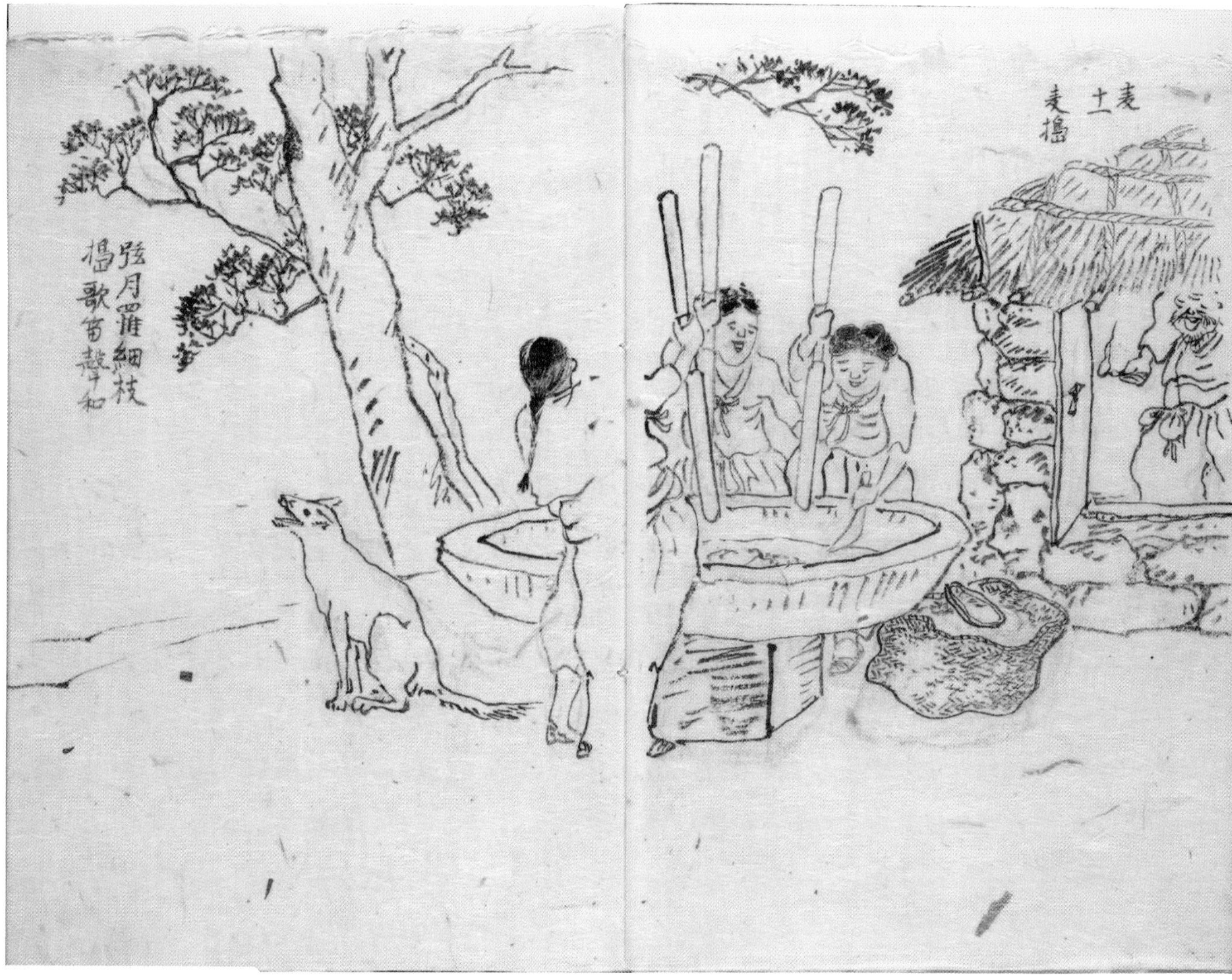
麦土
麦搗
弦月羅細枝
搗歌留聲和

麥十
糠除
輕風
麥粒
洗玉
黍紅
毛栁

農家婦女子
哈佛大學漢和圖書館珍藏印

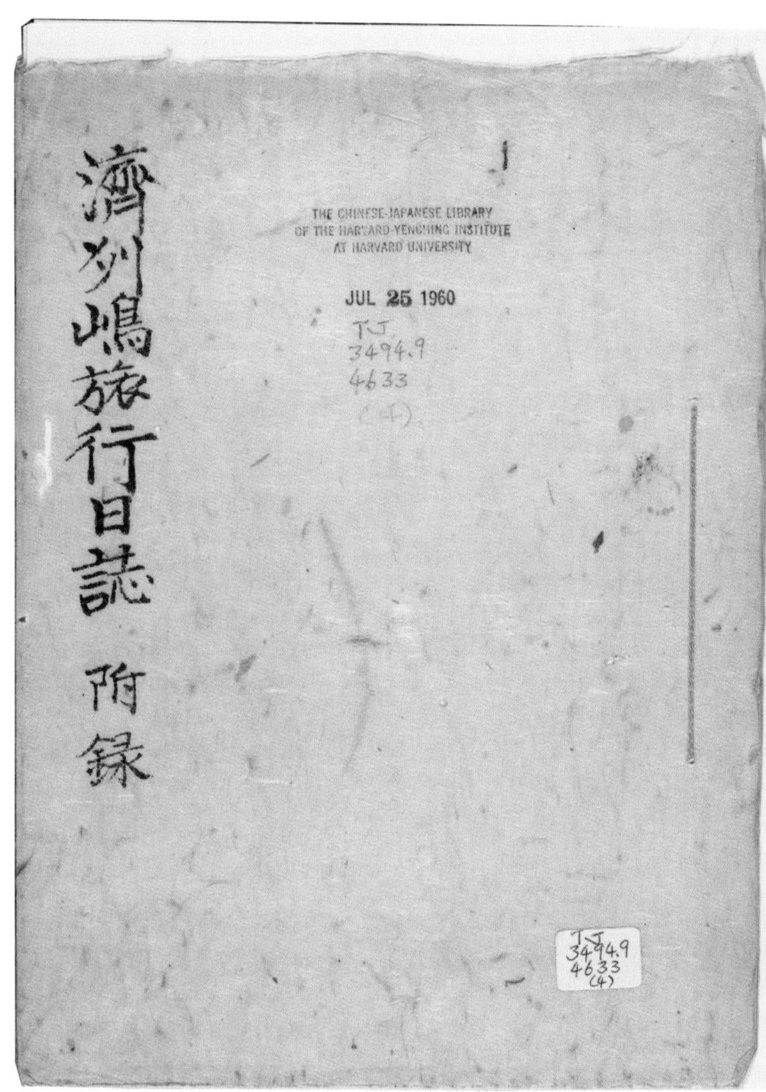
濟州嶋旅行日誌 附錄
THE CHINESE-JAPANESE LIBRARY
OF THE HARVARD-YENCHING INSTITUTE
AT HARVARD UNIVERSITY
JUL 25 1960
T.J
3494.9
4633
(4)
T.J
3494.9
4633
(4)

九月二十七日
松山と辞す

越智氏と見る
の松

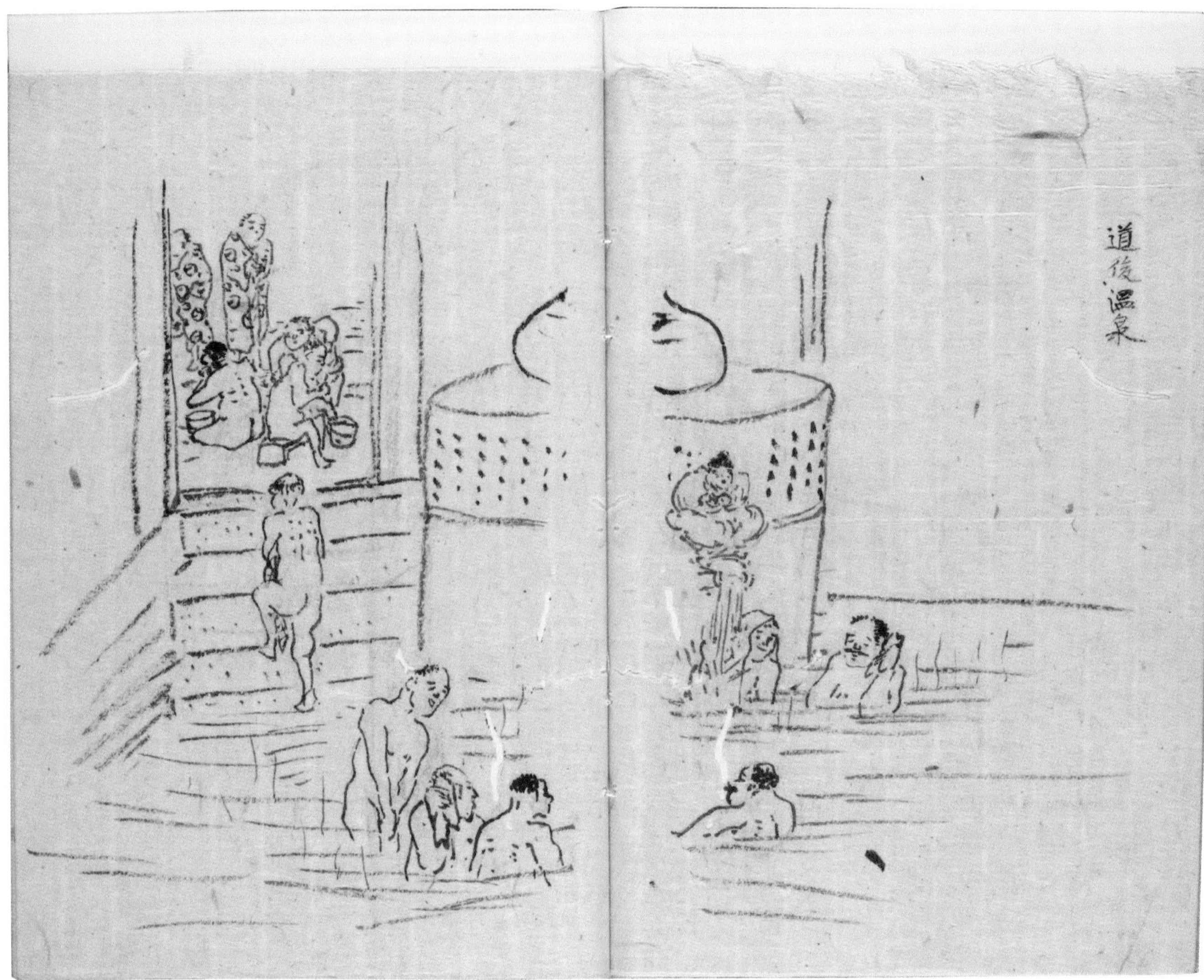
道後溫泉

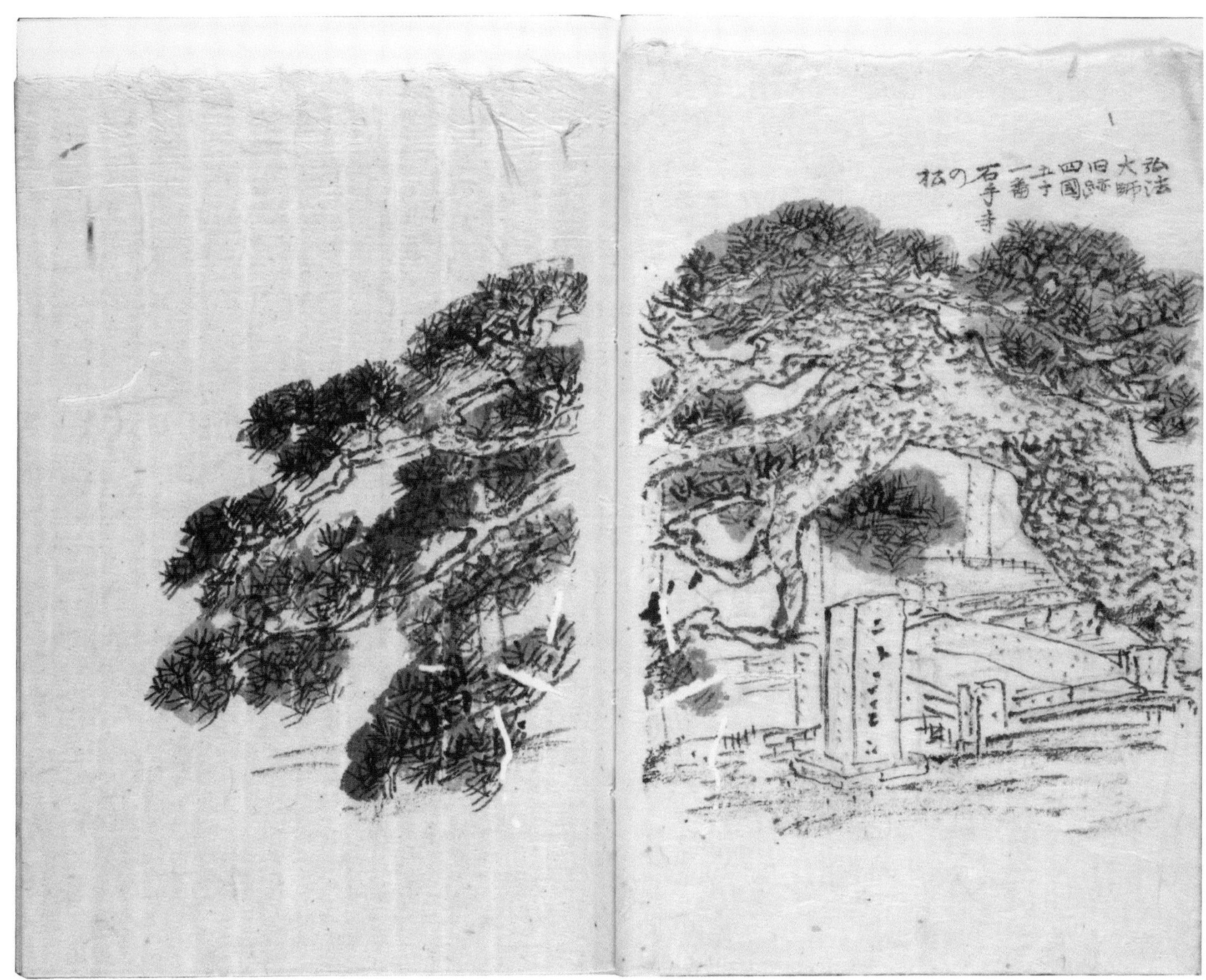
弘法大師旧跡
四國五十一番
石手寺の松

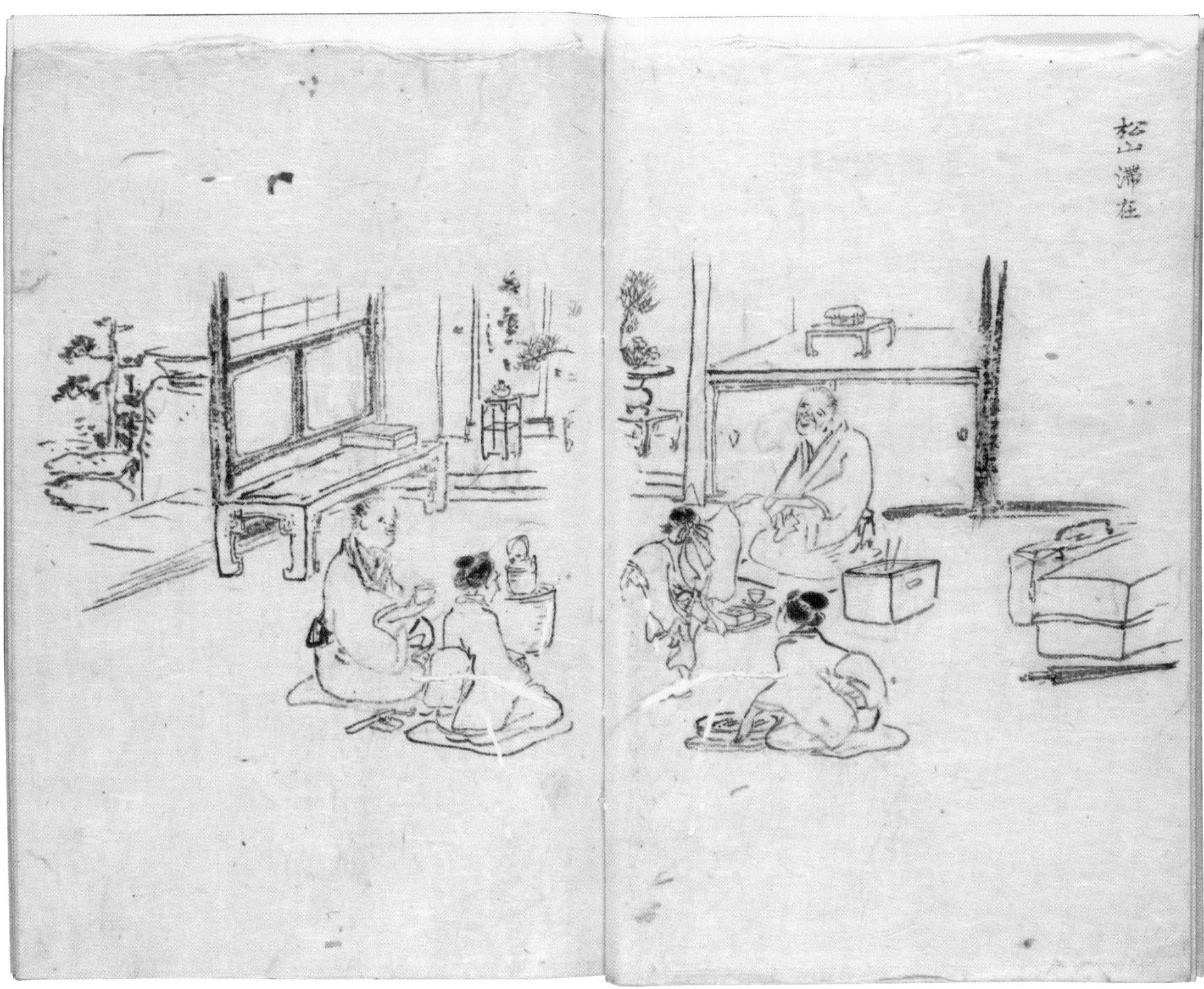
松山滞在

九月廿一日
高濱湊着
藤田老人の
出迎を受く

九月十九正午馬関に入る
門司ちしけの雜踏

九月十七日 晴 午后二時
木浦来船 永井氏別離

九月十八日 午后九時 釜山出帆
夜風雨 玄海波立ツ

九月十三日
城内を

九月十三日曇
椎茸荷作木
浦輸送

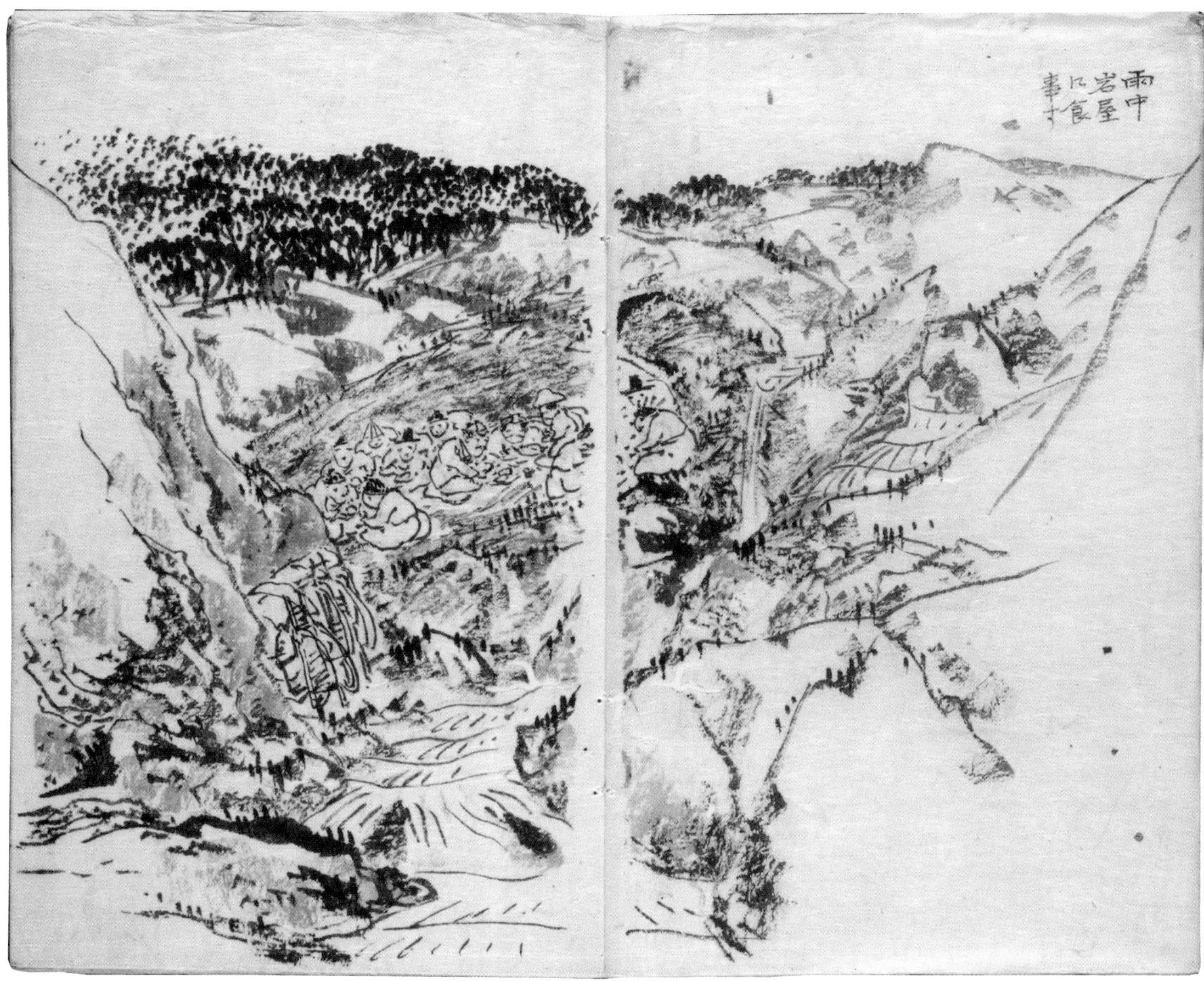
雨中岩屋に食事す

九月十一日強雨
哈佛大學漢和圖書館珍藏

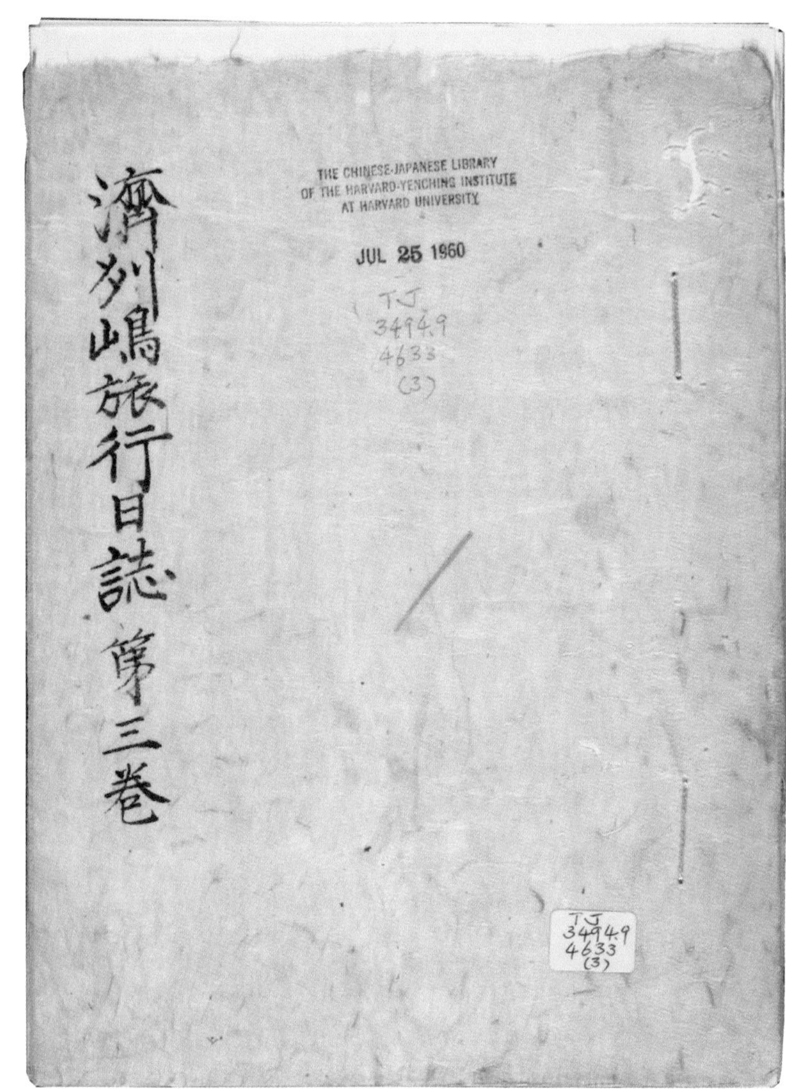
濟州嶋旅行日誌 第三卷
THE CHINESE-JAPANESE LIBRARY
OF THE HARVARD-YENCHING INSTITUTE
AT HARVARD UNIVERSITY
JUL 25 1960
TJ
3494.9
4633
(3)
TJ
3494.9
4633
(3)

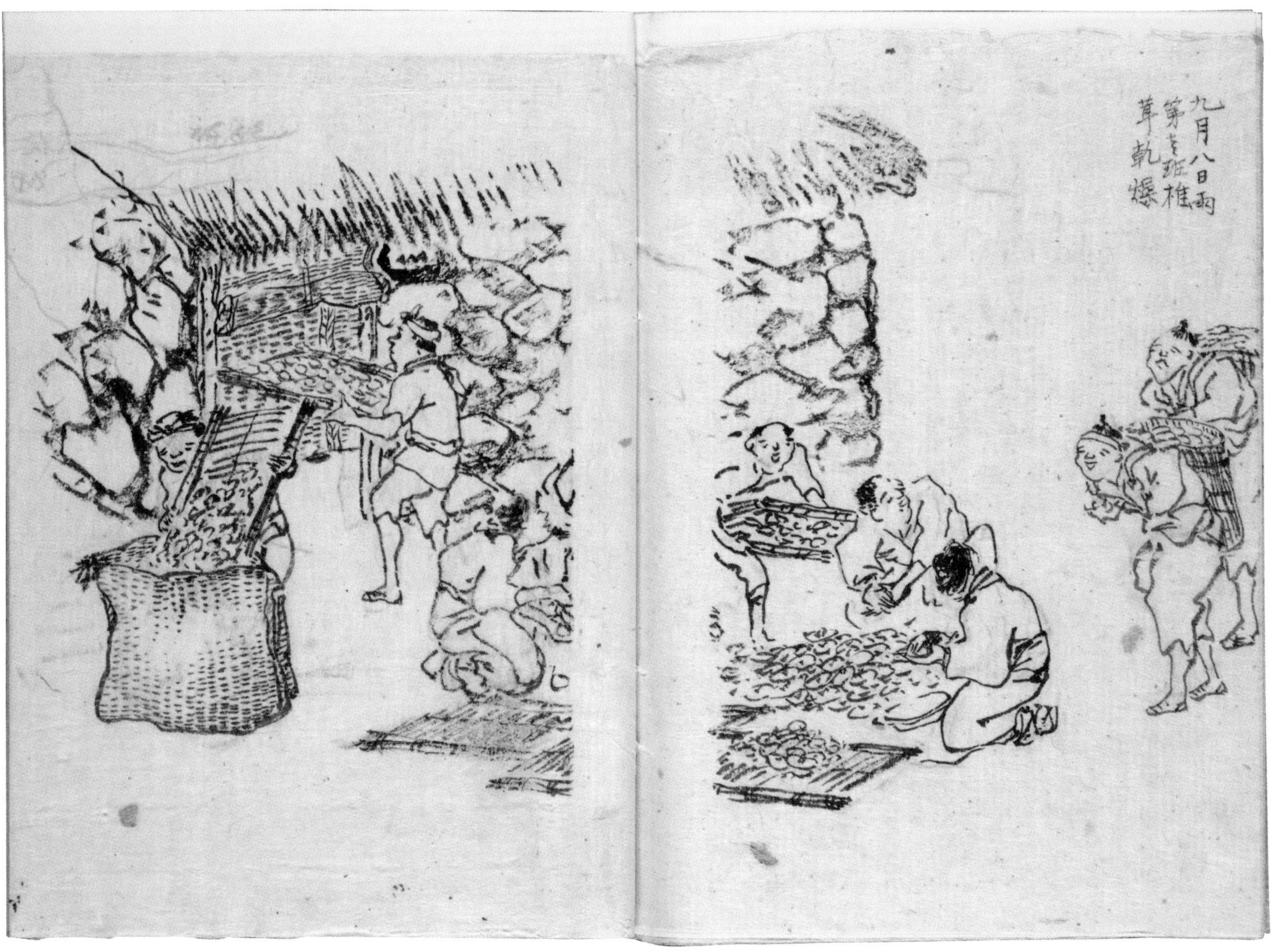
九月八日雨
第二班椎
茸乾燥

九月七日小雨
第三班字初出
椎茸採收

九月二日第二班 三班
椎茸採收及乾燥

九月一日
稻荷橋
俊功

近く見る漢羅山

躑躅の嶺より
漢羅山を望

ユンミリ五百岩

八月二十九日
ユヒシリ五百岩見物

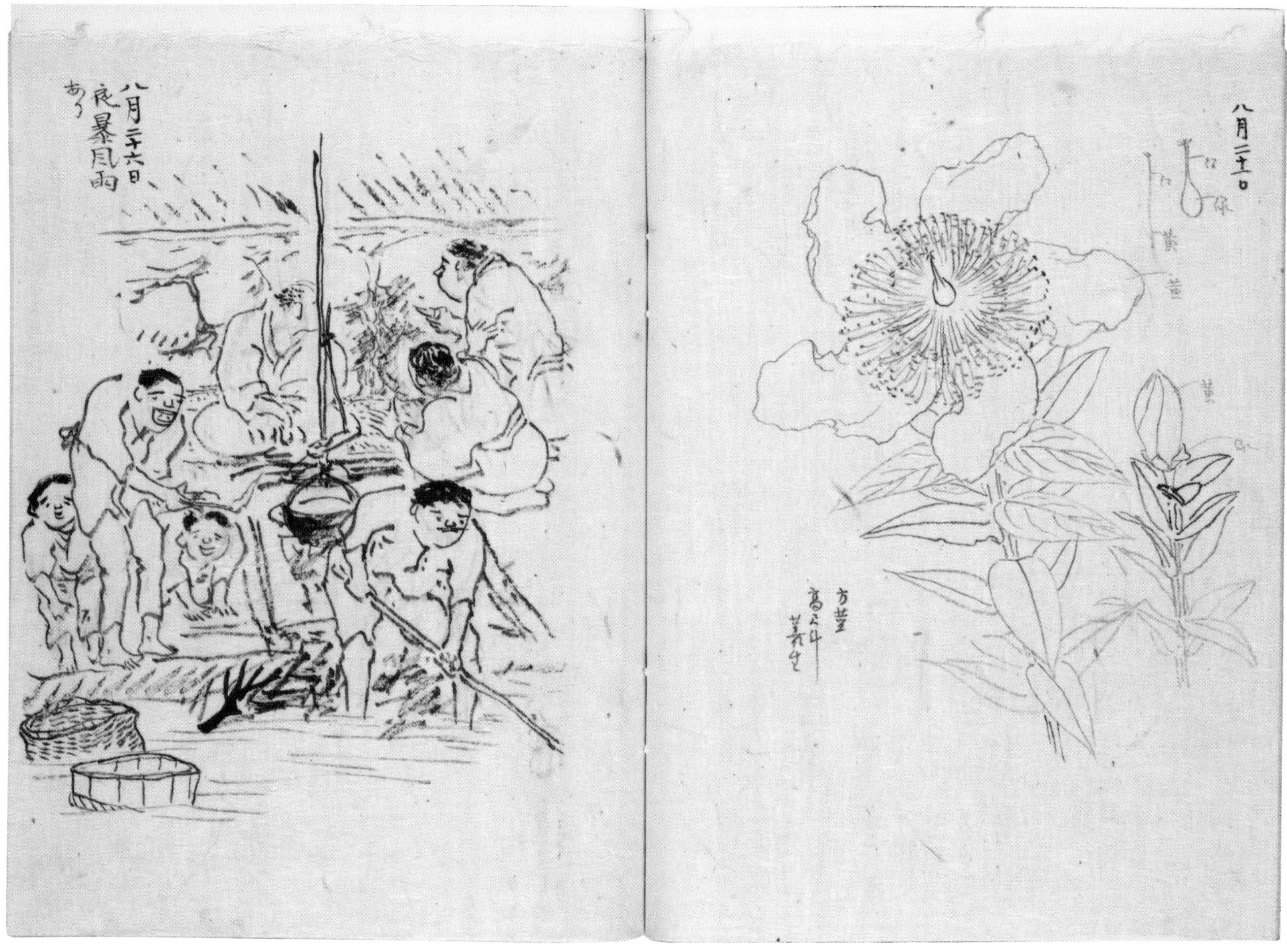
八月二十六日
夜暴風雨あり
八月二十七日

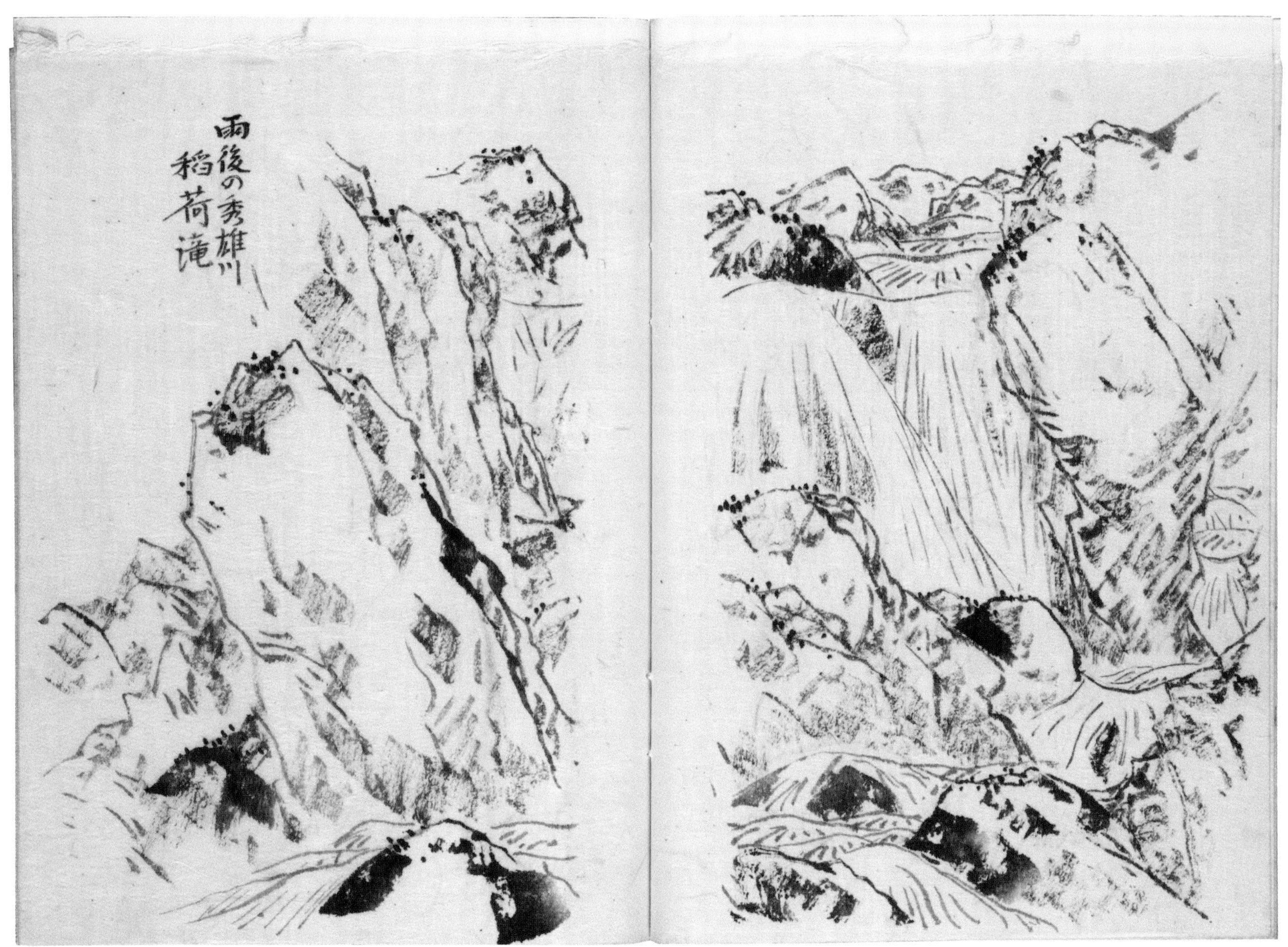
雨後の秀雄川
稲荷滝

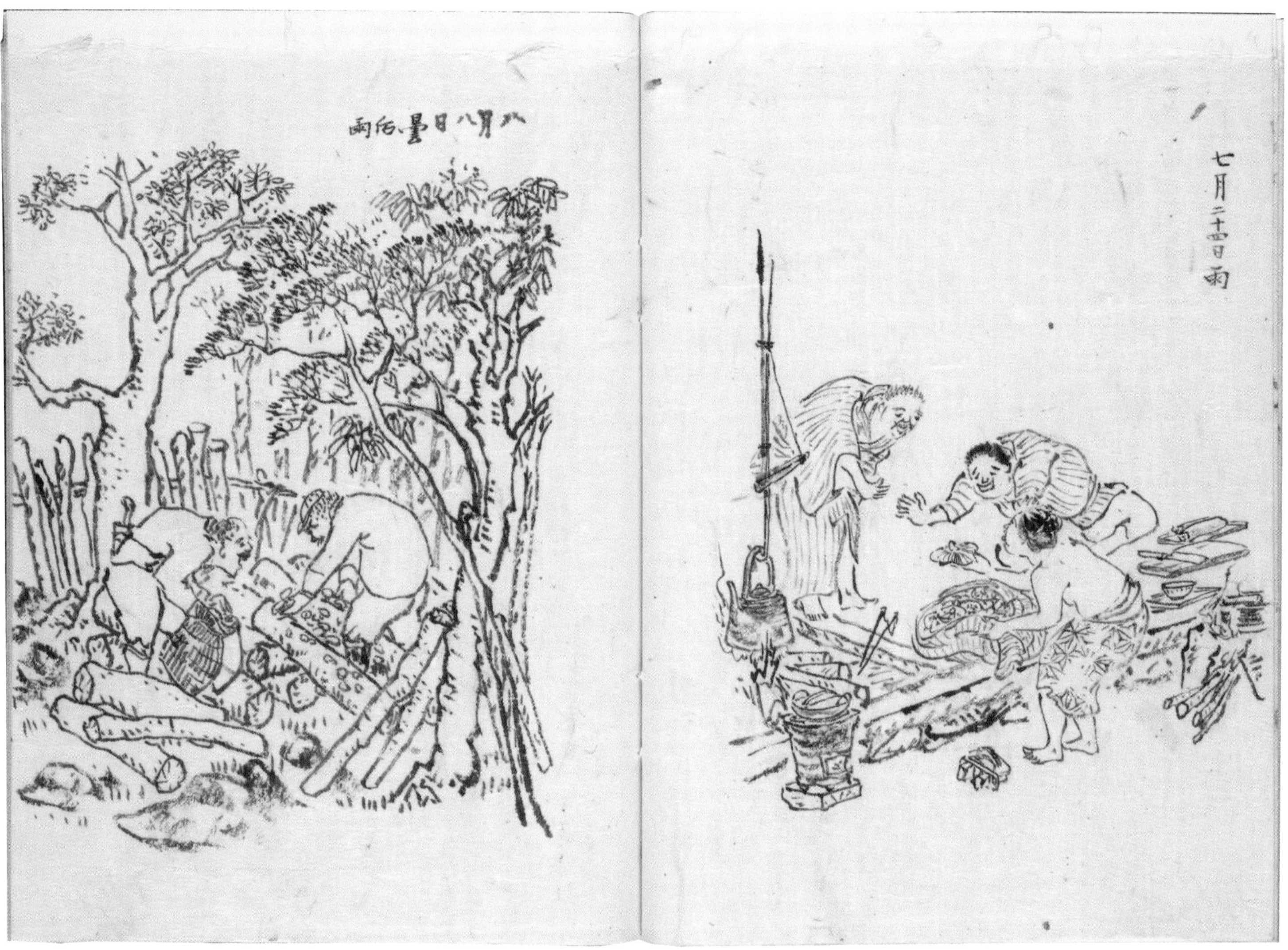
七月二十四日雨
八月八日曇后雨

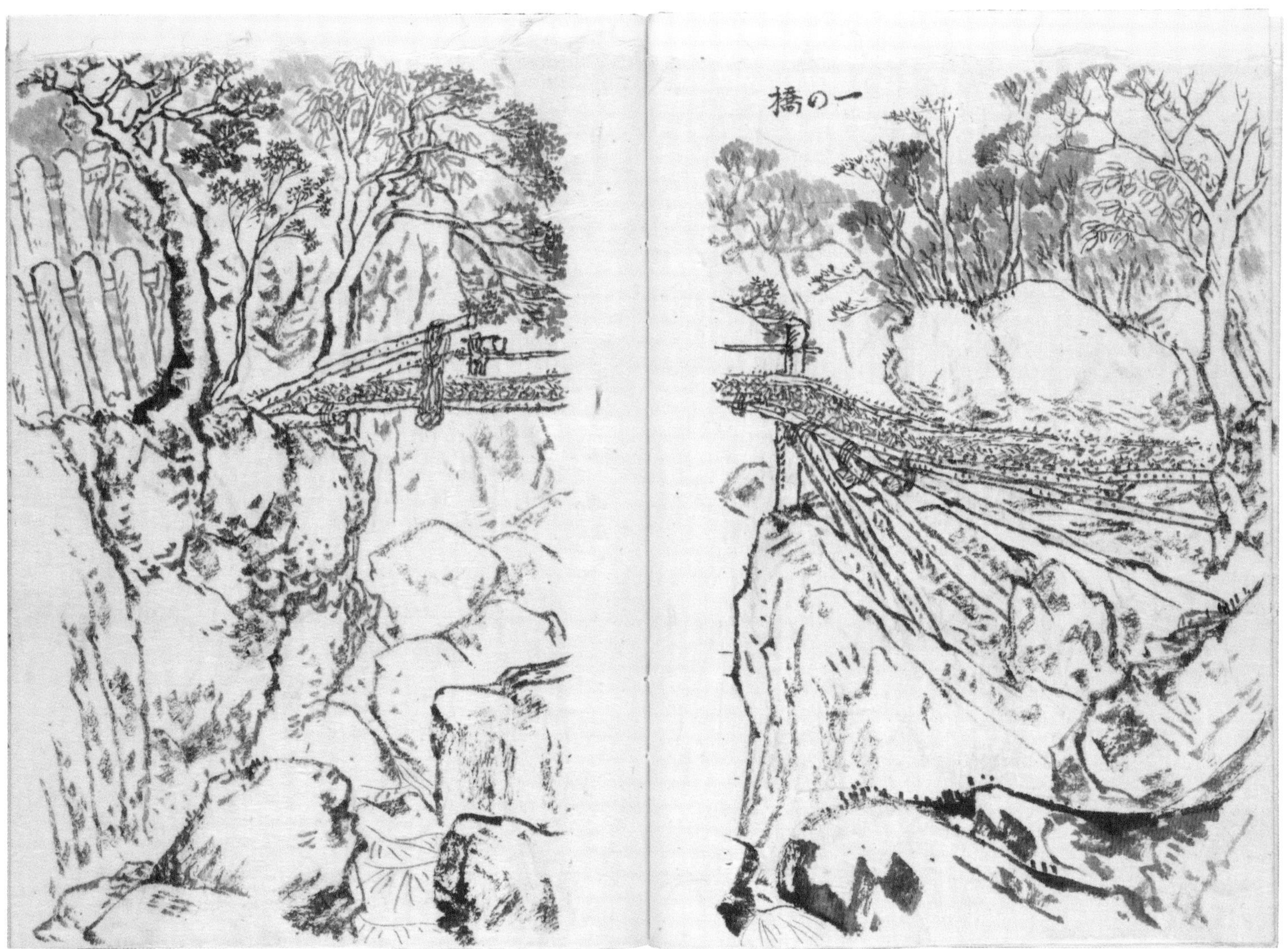
一の橋

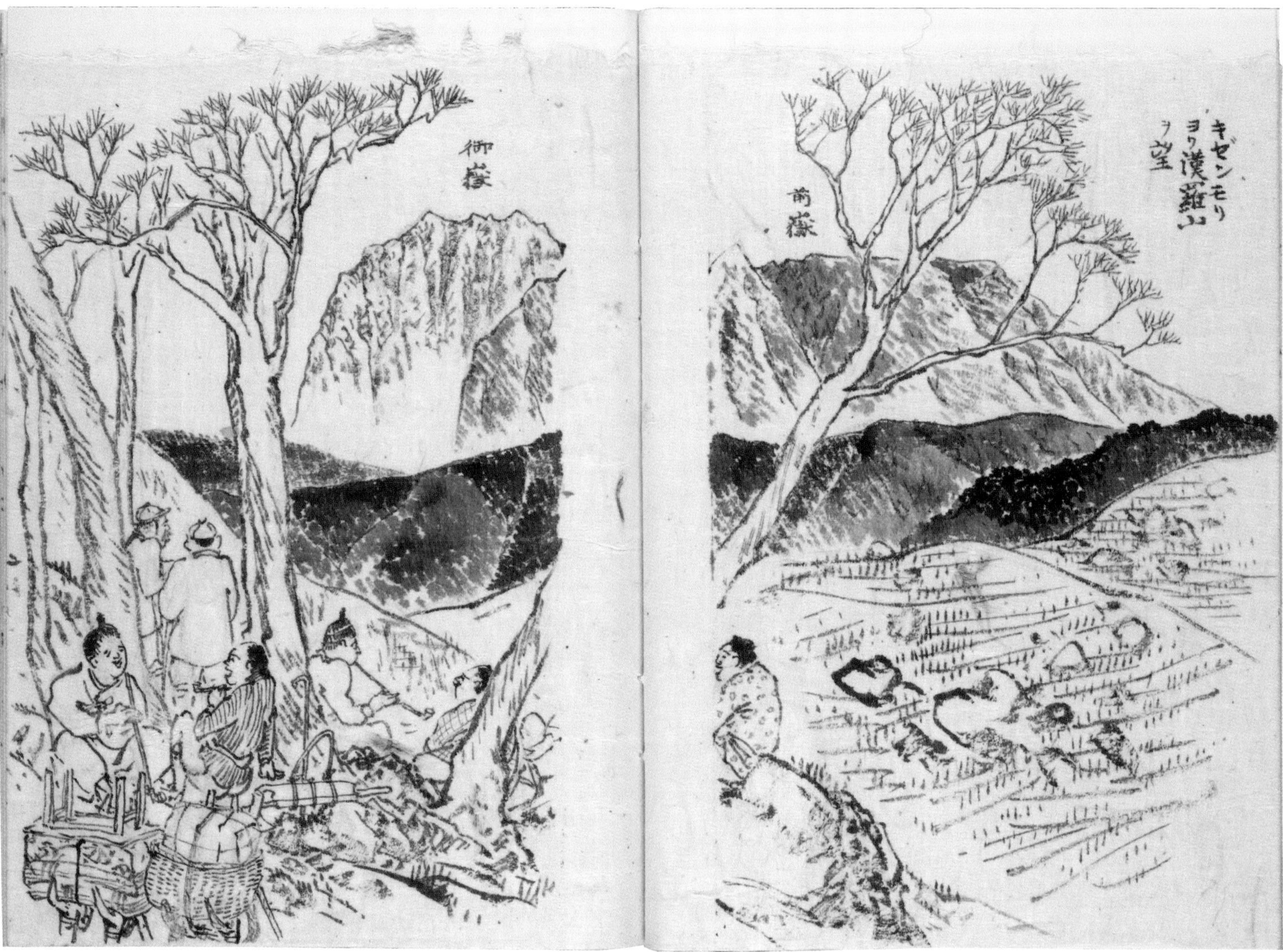
キゼンモリヨリ漢羅山ヲ望
前嶽
御嶽

三香滝
天狗岩

サンドラフ

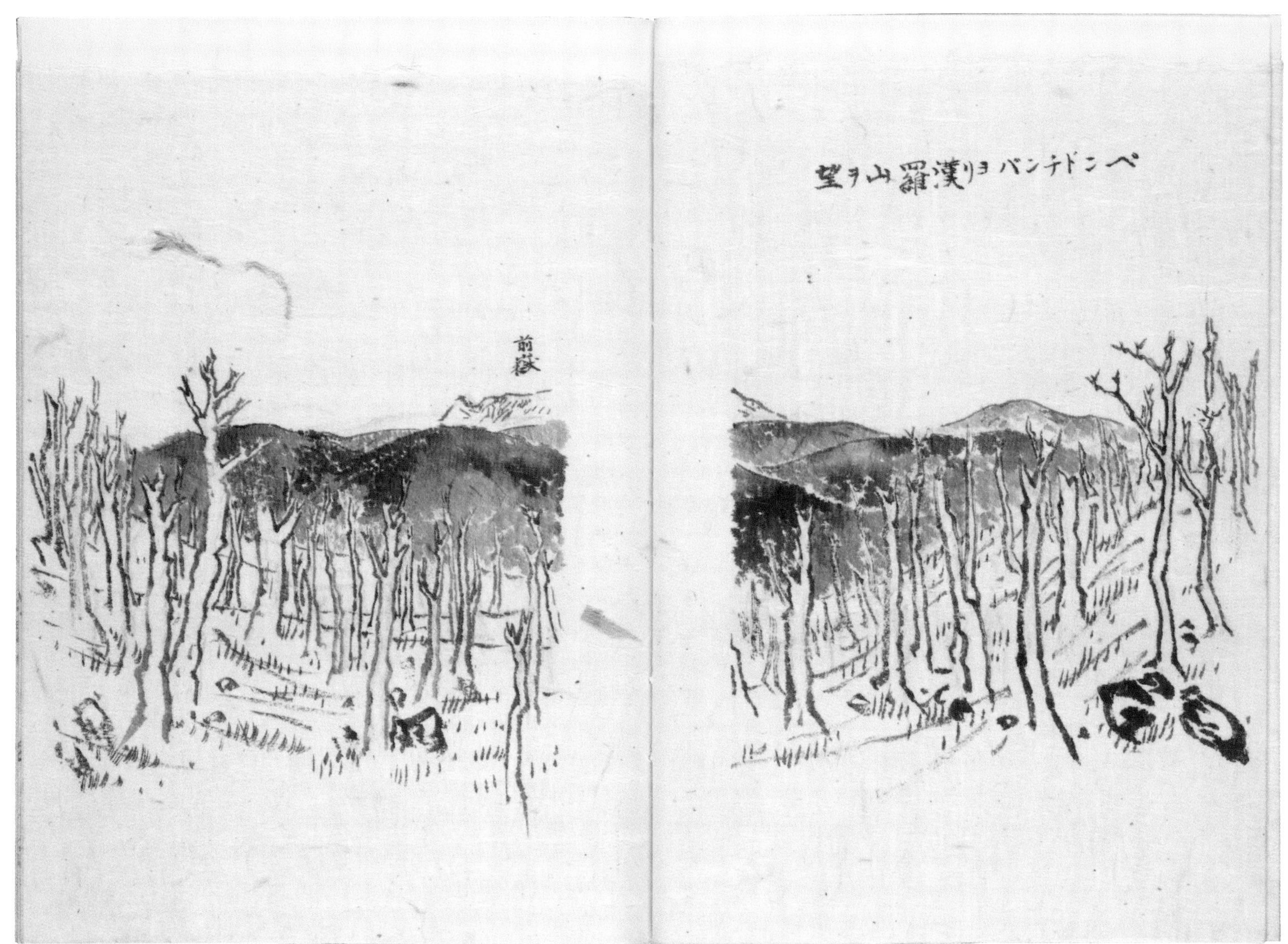
ベンドンチバンヨリ漢羅山ヲ望
前嶽

七月四日細雨
試驗の蕈木ニ付
椎蕈の數を調査す
七月九日雨
椎茸爐火にて乾す

六月廿七日風雨
第壱班
字香谷ニ於て
雨中成熟の
蕈木を打ち
擲きて椎茸
の發生を
試む
岩屋

雨後の香(にほ)ノ川

平時の

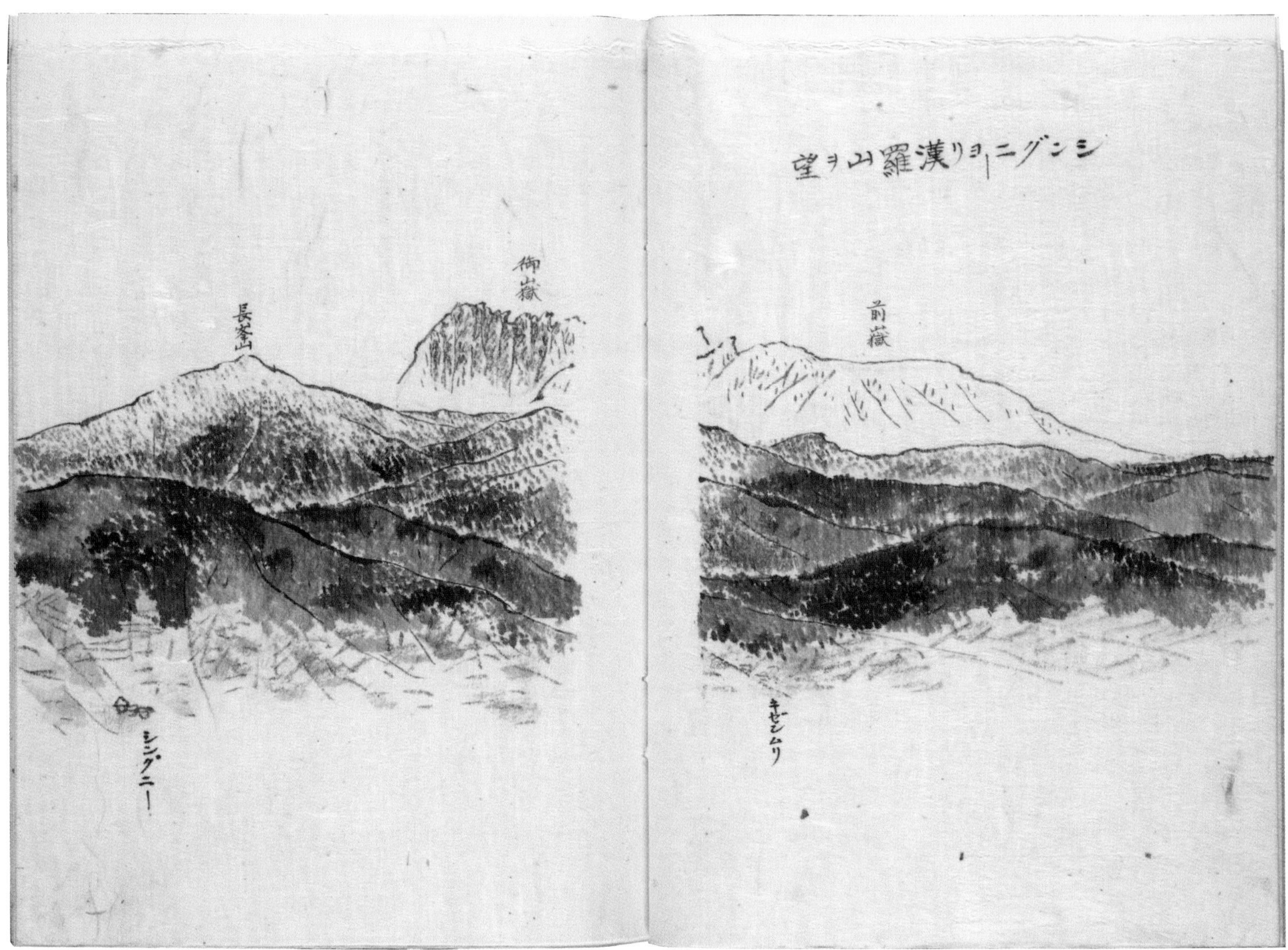
シングニーヨリ漢羅山ヲ望
前嶽
御嶽
長峯山
キセレムリ
シングニー

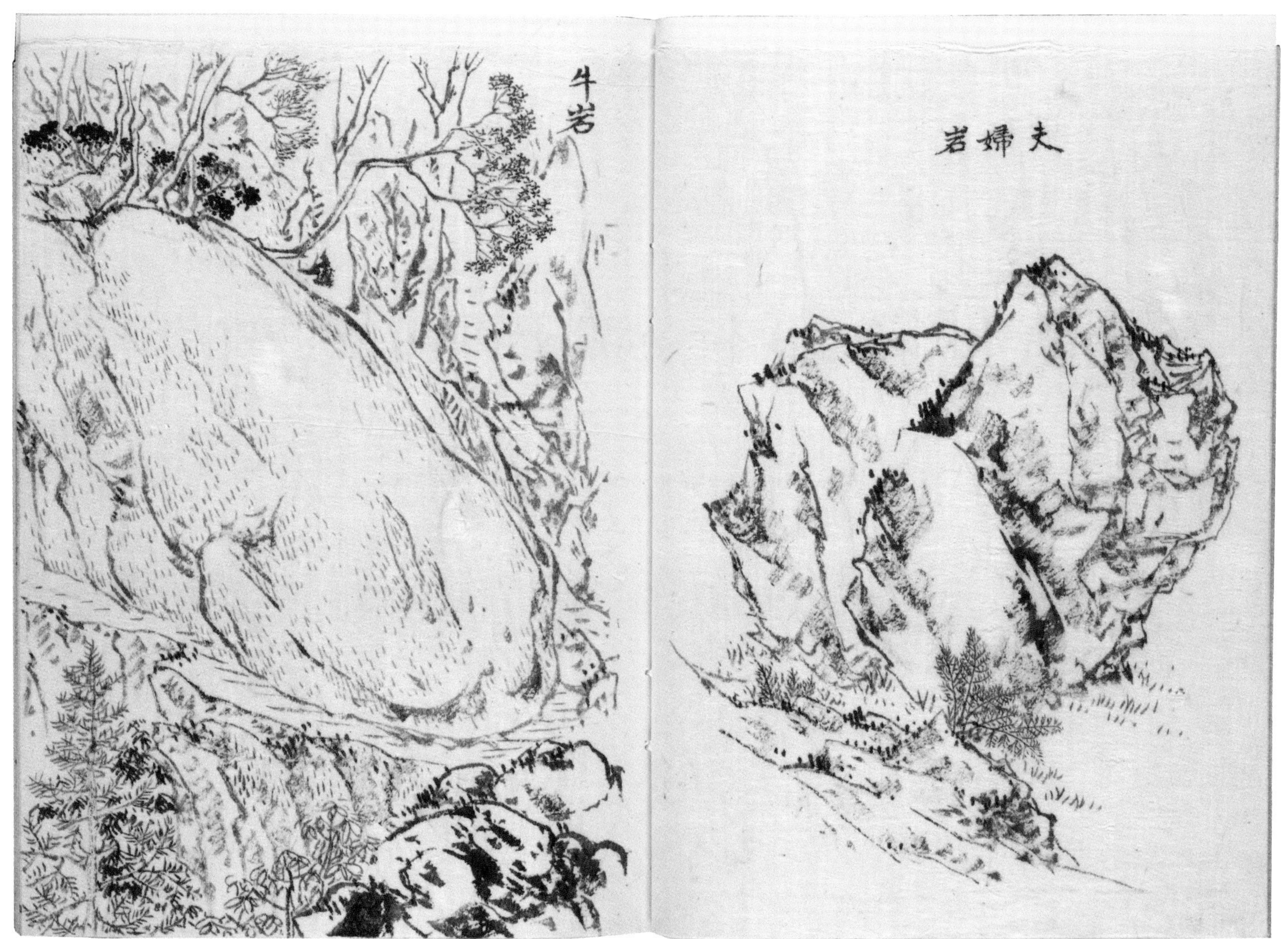
牛岩
夫婦岩

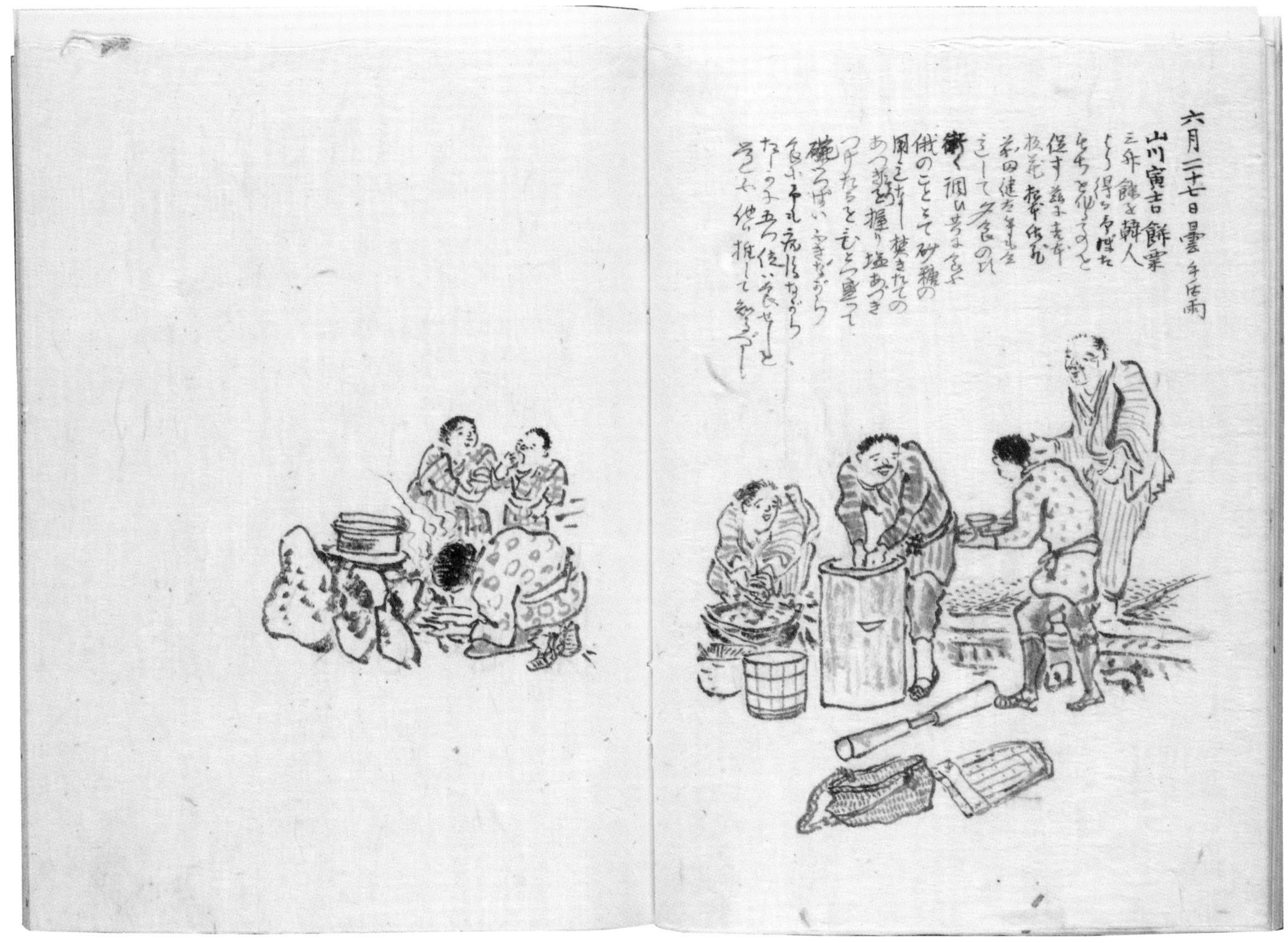
六月二十七日曇 午后雨
山川寅吉餅粟

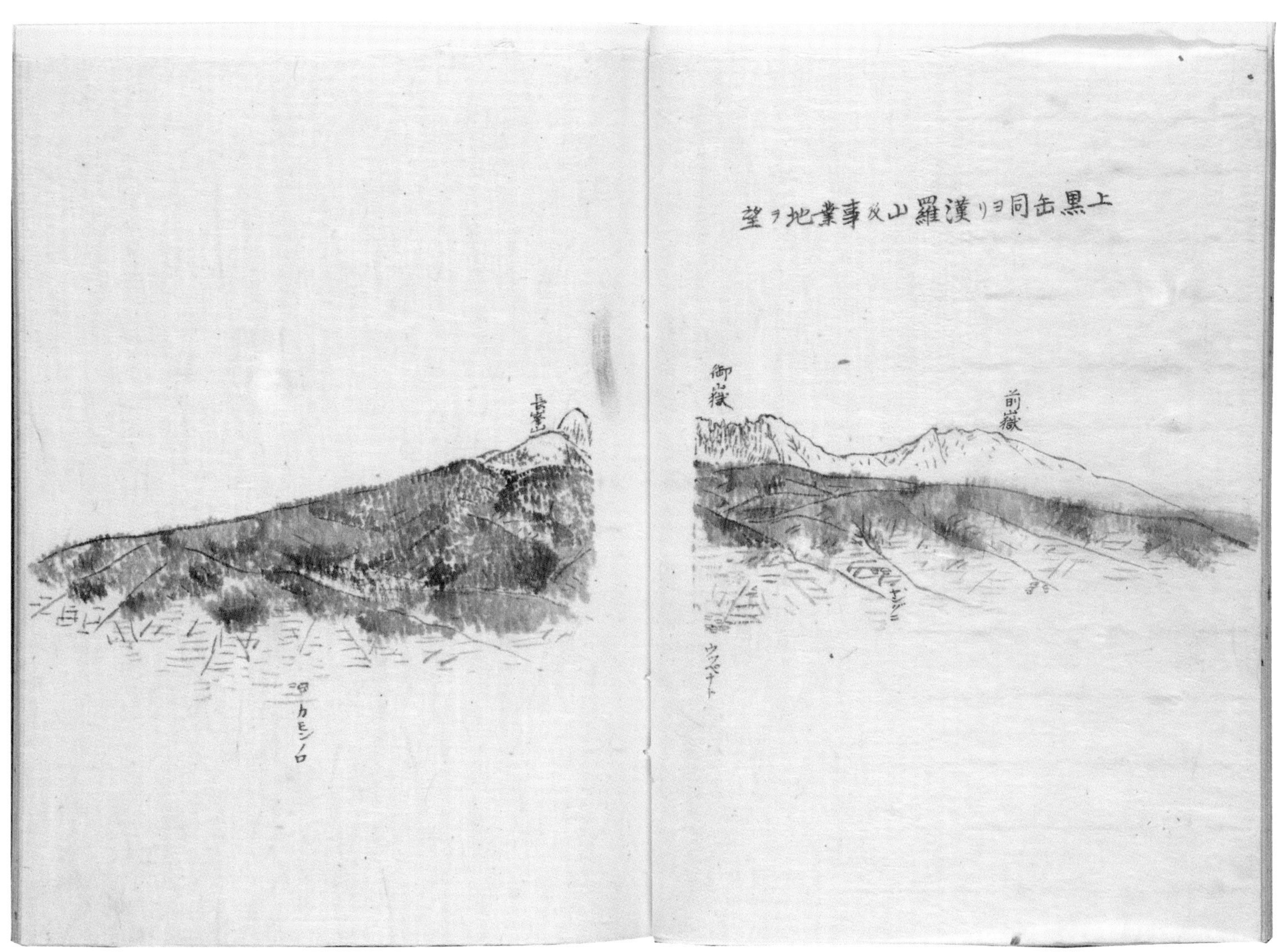
上黒岳同ヨリ漢羅山及事業地ヲ望
御嶽
前嶽

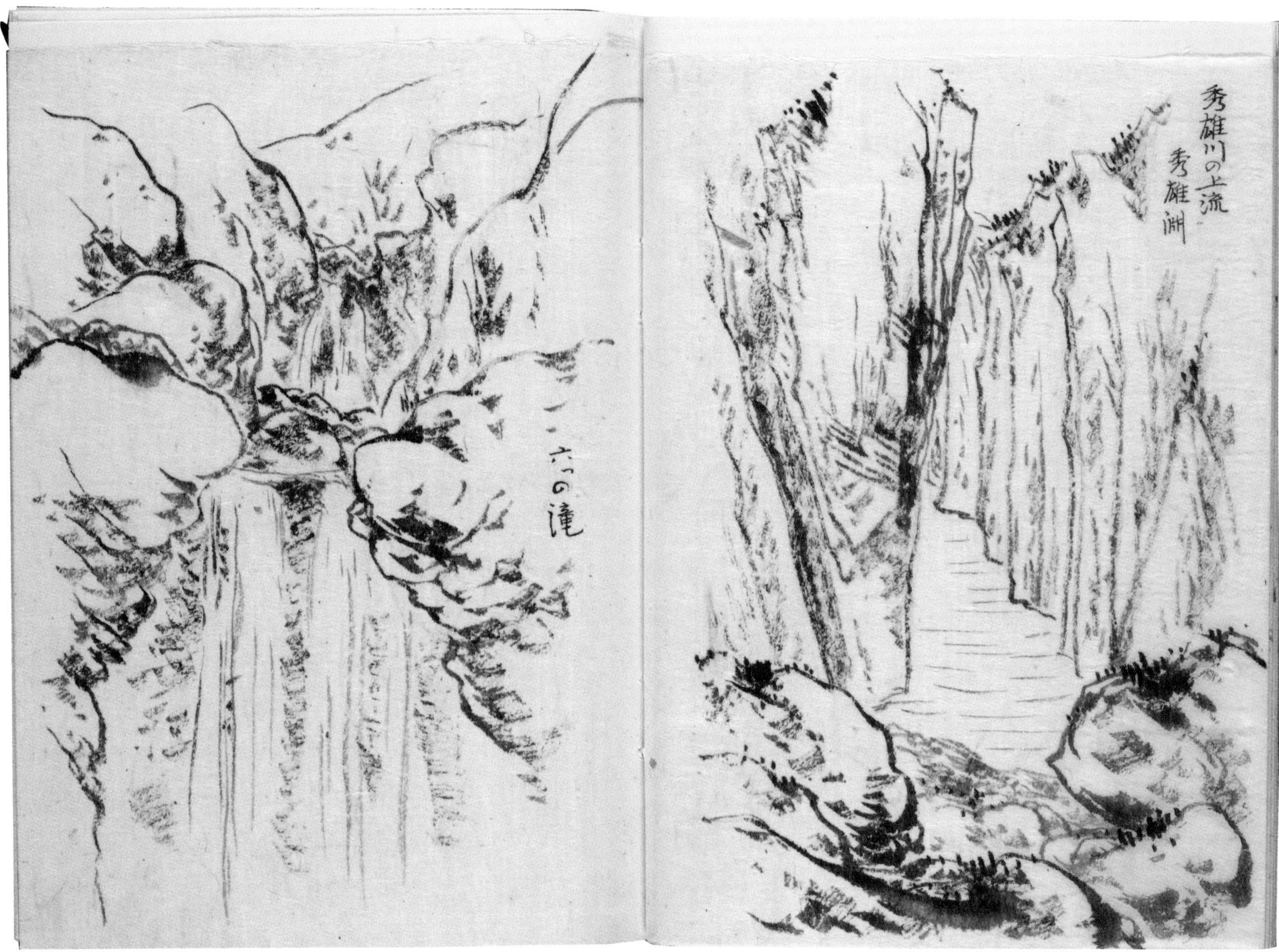
秀雄川の上流
秀雄淵
六つの滝

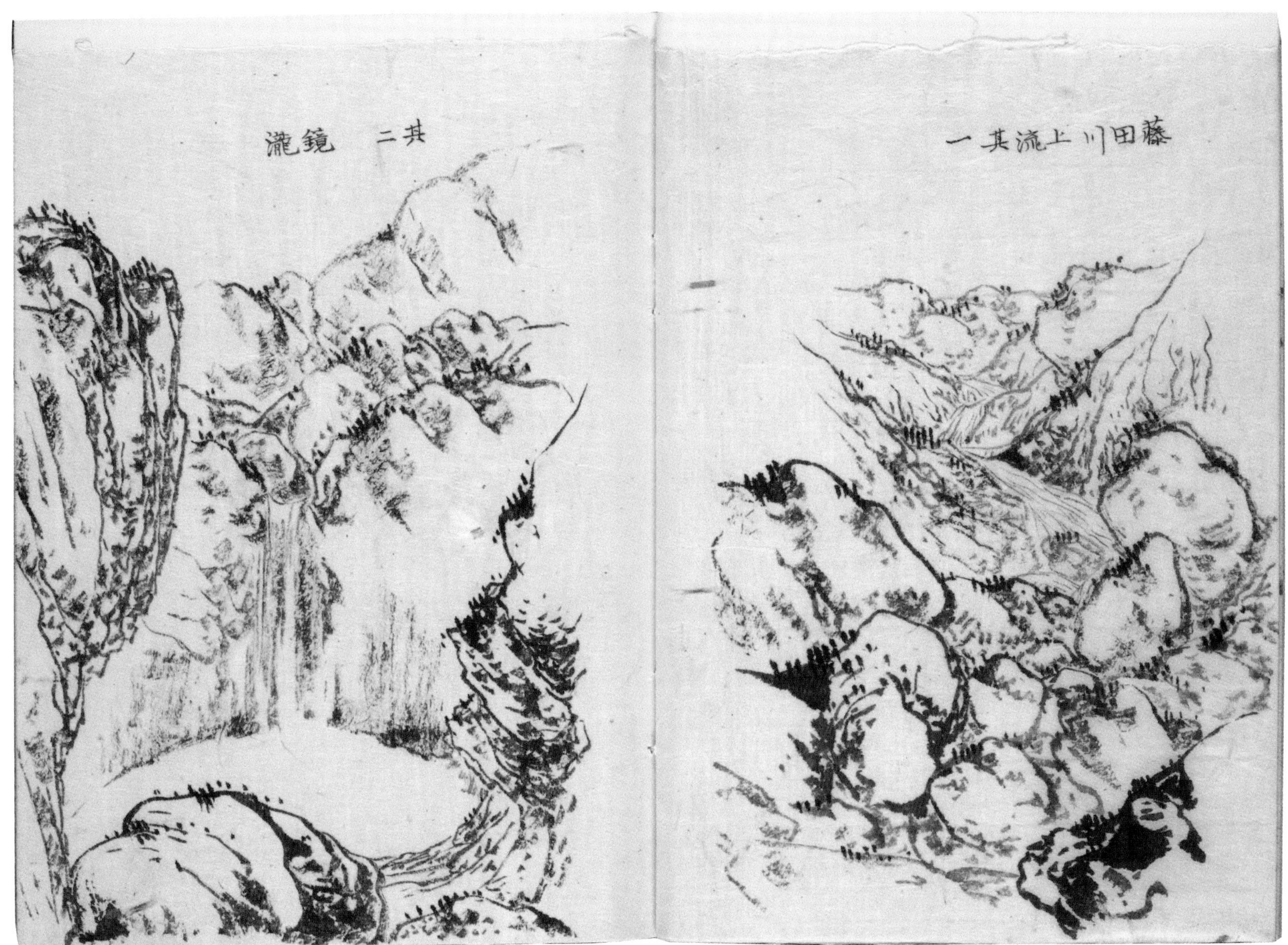
藤田川上流其一
其二 鏡瀧

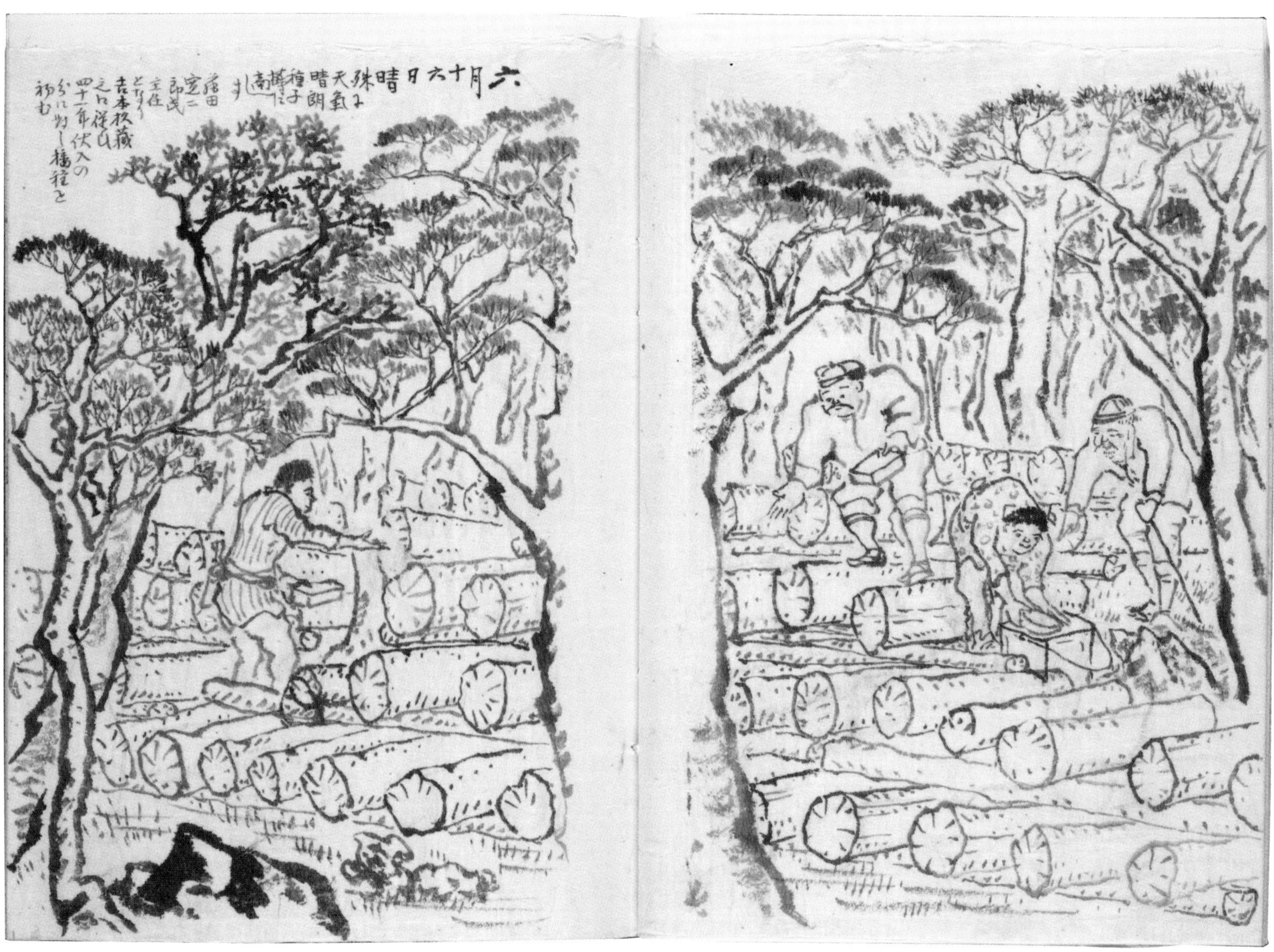
六月十六日 晴 殊ニ天氣晴朗

六月十五日 晴

三号にある明屋を利用して乾燥場となす而して韓人夫を併せて之を従事せしむ

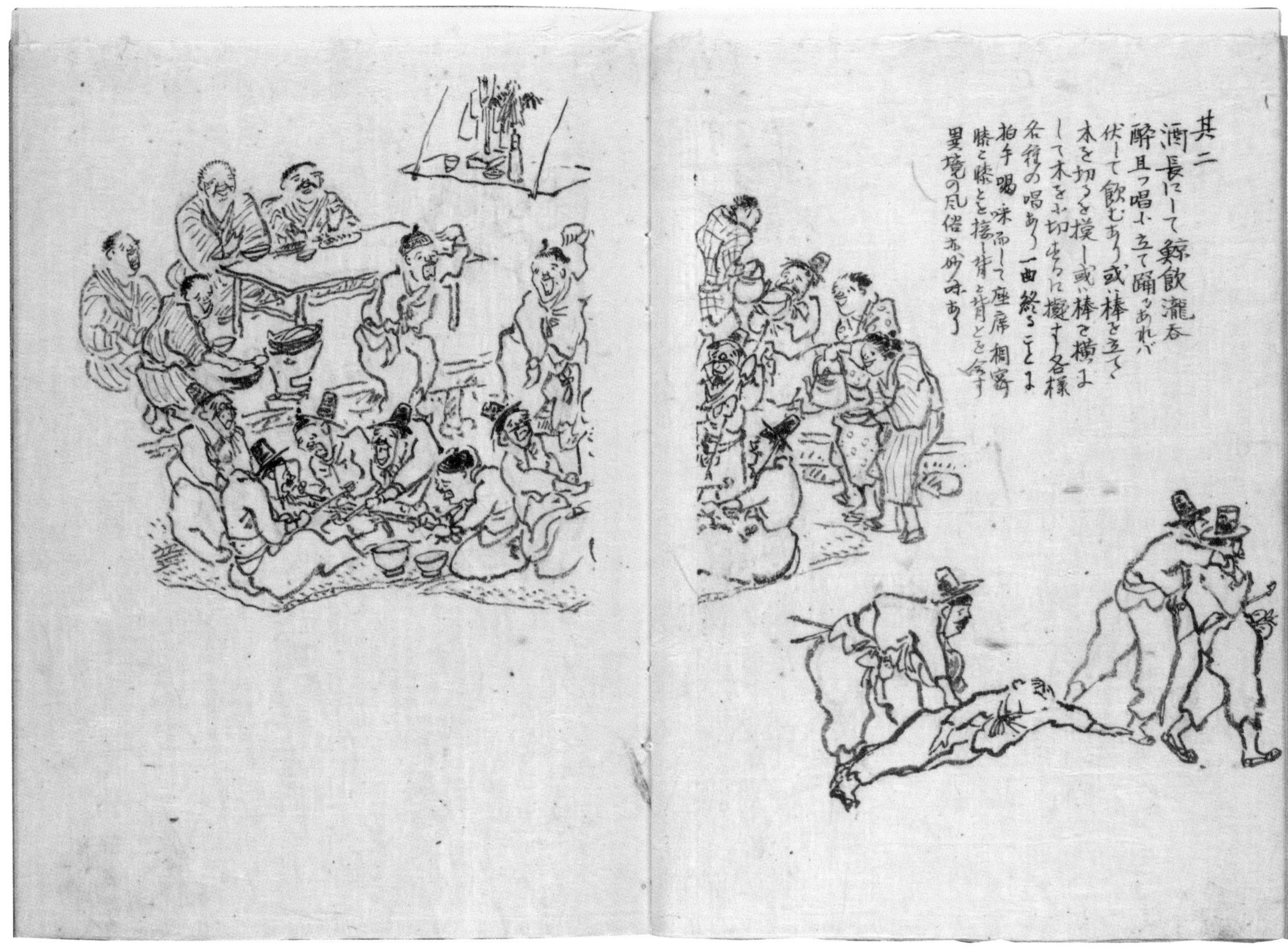
其二
酒長にして鯨飲瀧呑
酔且つ唱ふ立て踊るあれバ
伏して飲むあり或ハ棒を立てて
木を切るを摸し或ハ棒を横ニ
して木をふ切ちらに擬す各様
各種の唱あり一曲終ることニ
拍手喝采而して座席稠密
膝と膝とを接し背と背とを合す
異境の風俗亦妙味あり

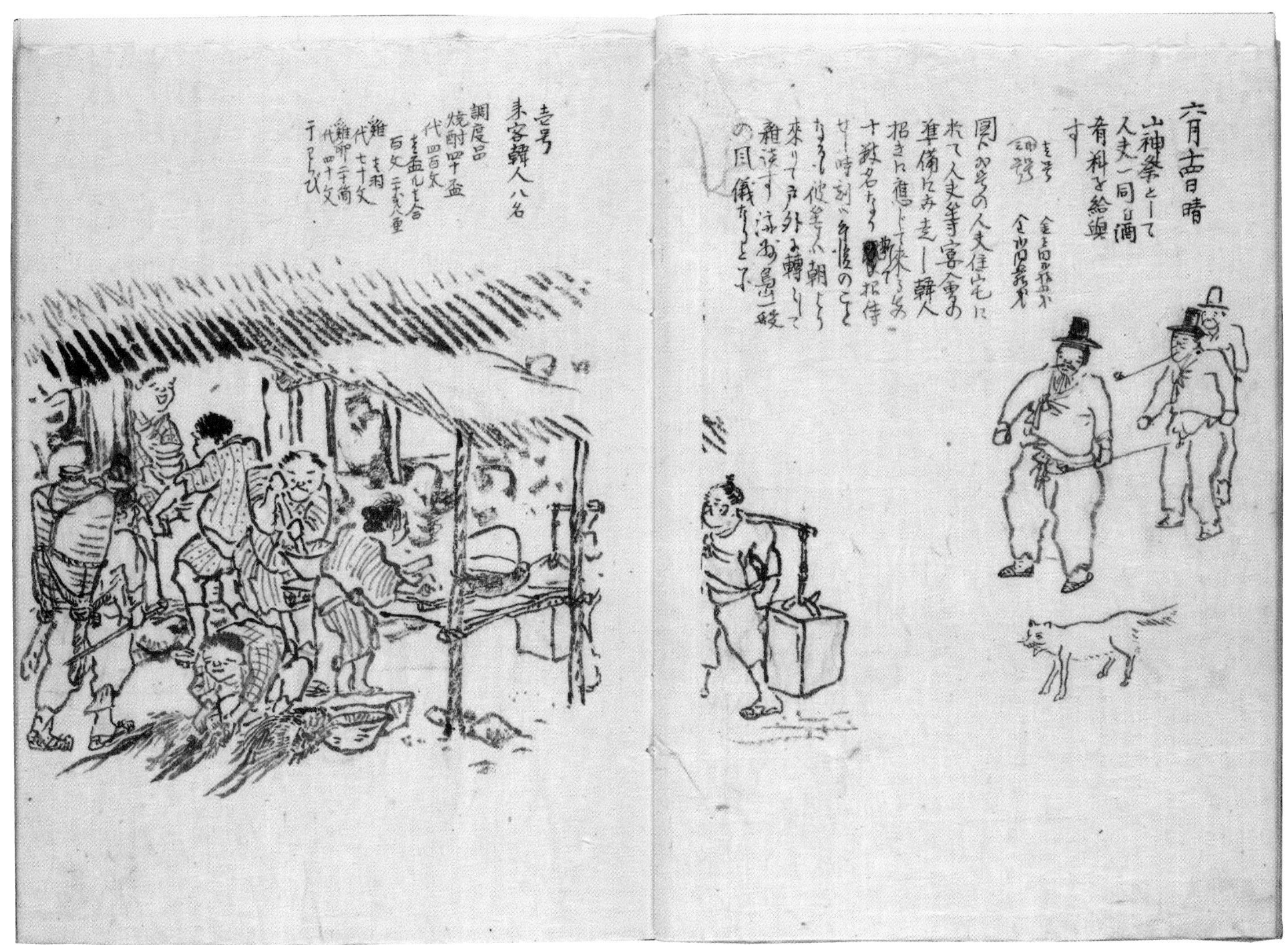

六月十四日晴

山神祭として人夫一同に酒肴料を給與す

壹号 三郎 金壹円五拾銭

同日おその人夫住山宅に於て人夫等宴會の準備なしみ走し韓人招きに應じて來る者十數名なり接待は時刻は午後のことなるも彼等は朝より來りて戸外に轉りして雜談す濟州島一般の風儀なりとす

壹号

来客韓人八名

調度品

焼酎四十盃 代四百文

壹盃凡壹合

百文

雞 壹羽 代七十文

雞卵二十箇 代四十文

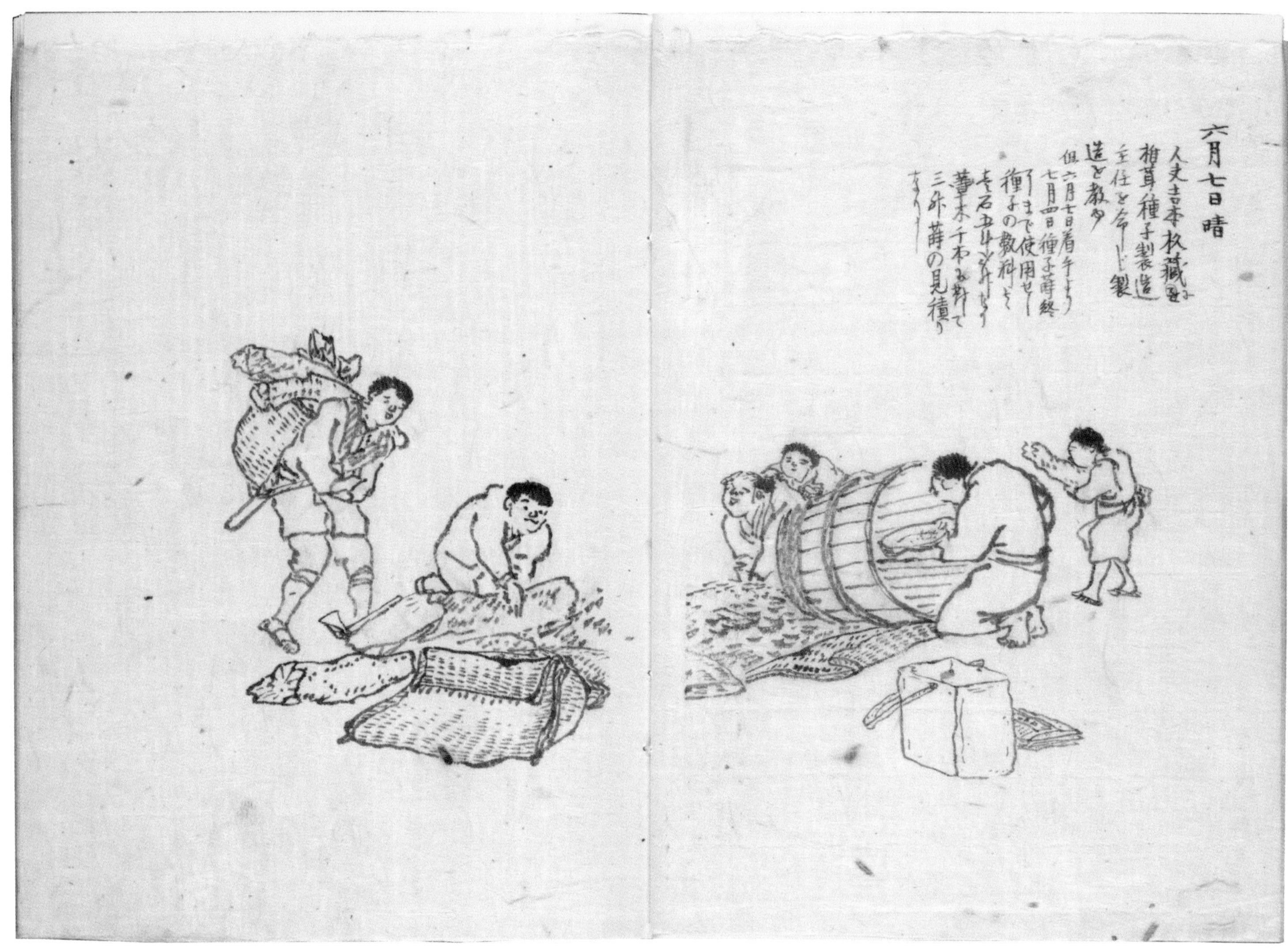
六月七日晴

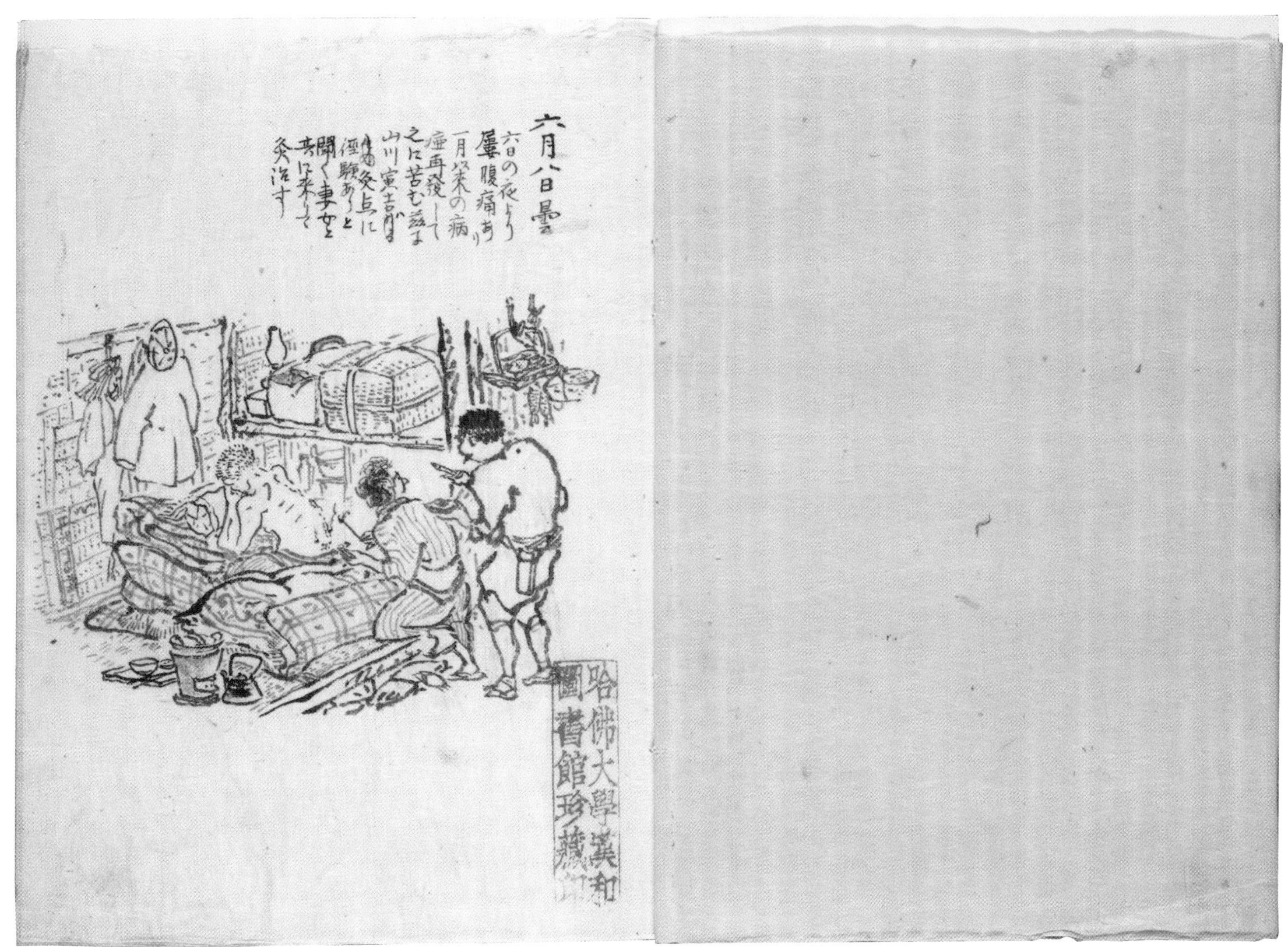

六月八日曇
六日の夜より
屢腹痛あり
一月來の病
癌再發して
之に苦む茲ま
山川寅吉は
灸点に
經驗ありと
聞く事女と
共に來りて
灸治す

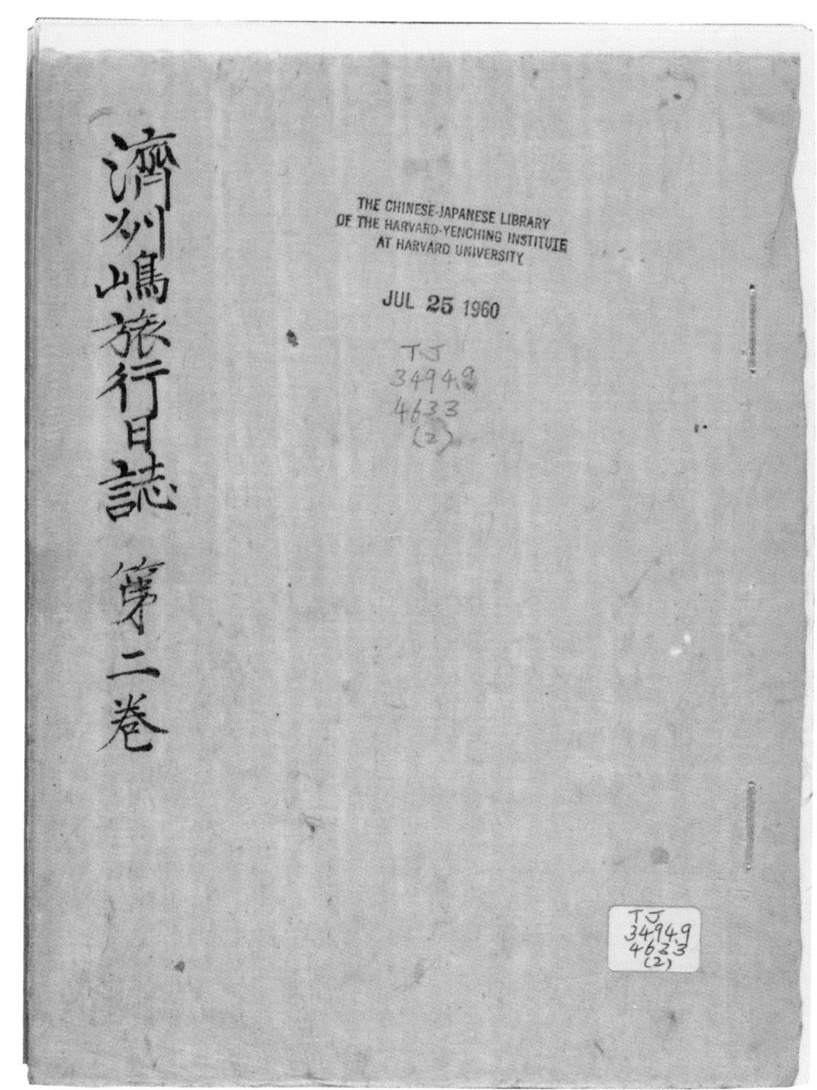
濟州嶋旅行日誌
第二卷
THE CHINESE-JAPANESE LIBRARY
OF THE HARVARD-YENCHING INSTITUTE
AT HARVARD UNIVERSITY
JUL 25 1960
TJ
3494.9
4633
(2)
TJ
3494.9
4633
(2)

六月七日半晴
藤田老人ヤンゲ氏
發足歸國の途
に就く

六月六日晴
事業地第三号ウツペナトヨ至ル椎茸培養場見分

六月五日半晴第二号椎茸培養塲見方
御嶽

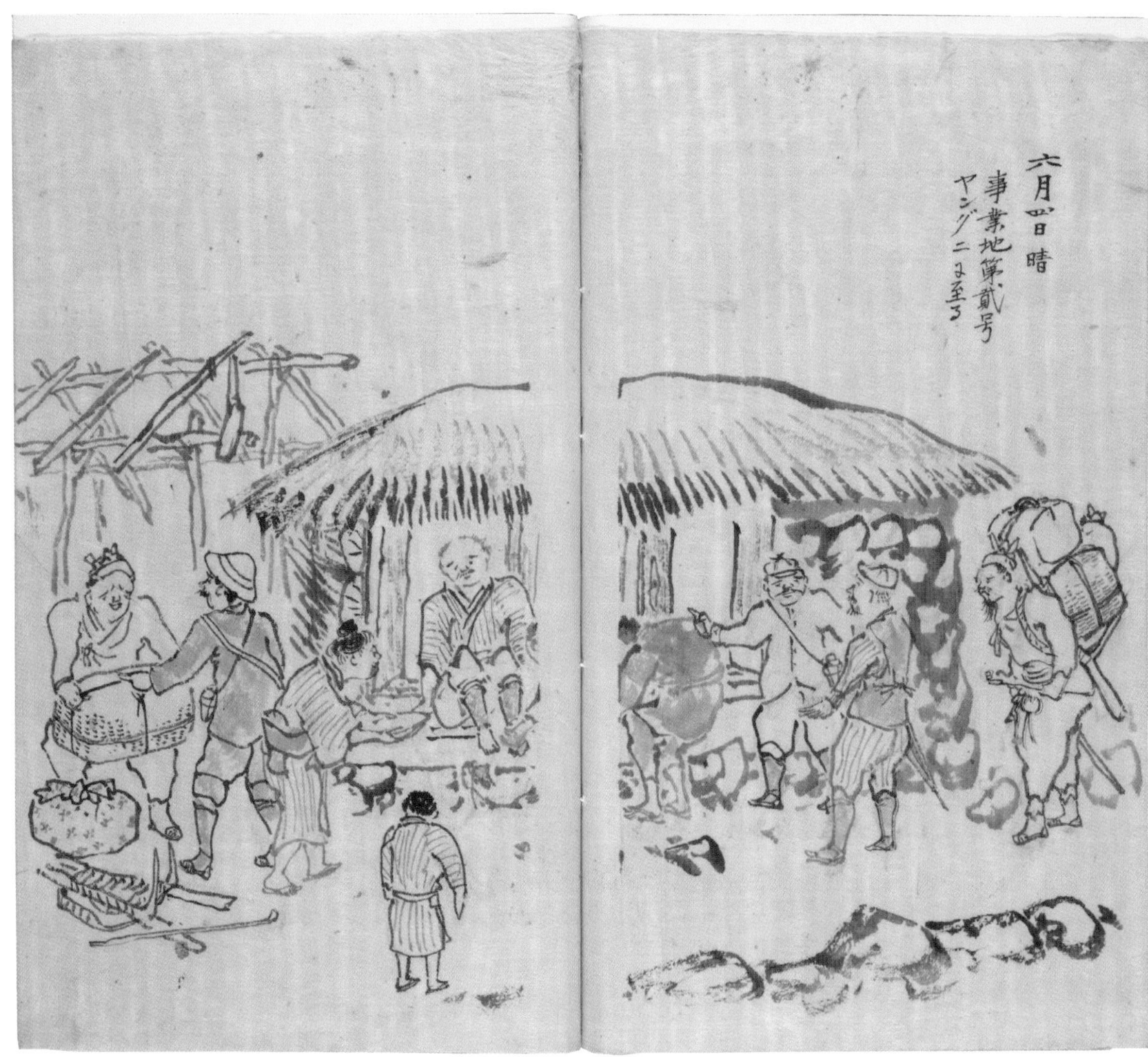
六月廿四日 晴
事業地第貳号
ヤンジニヌ至ル

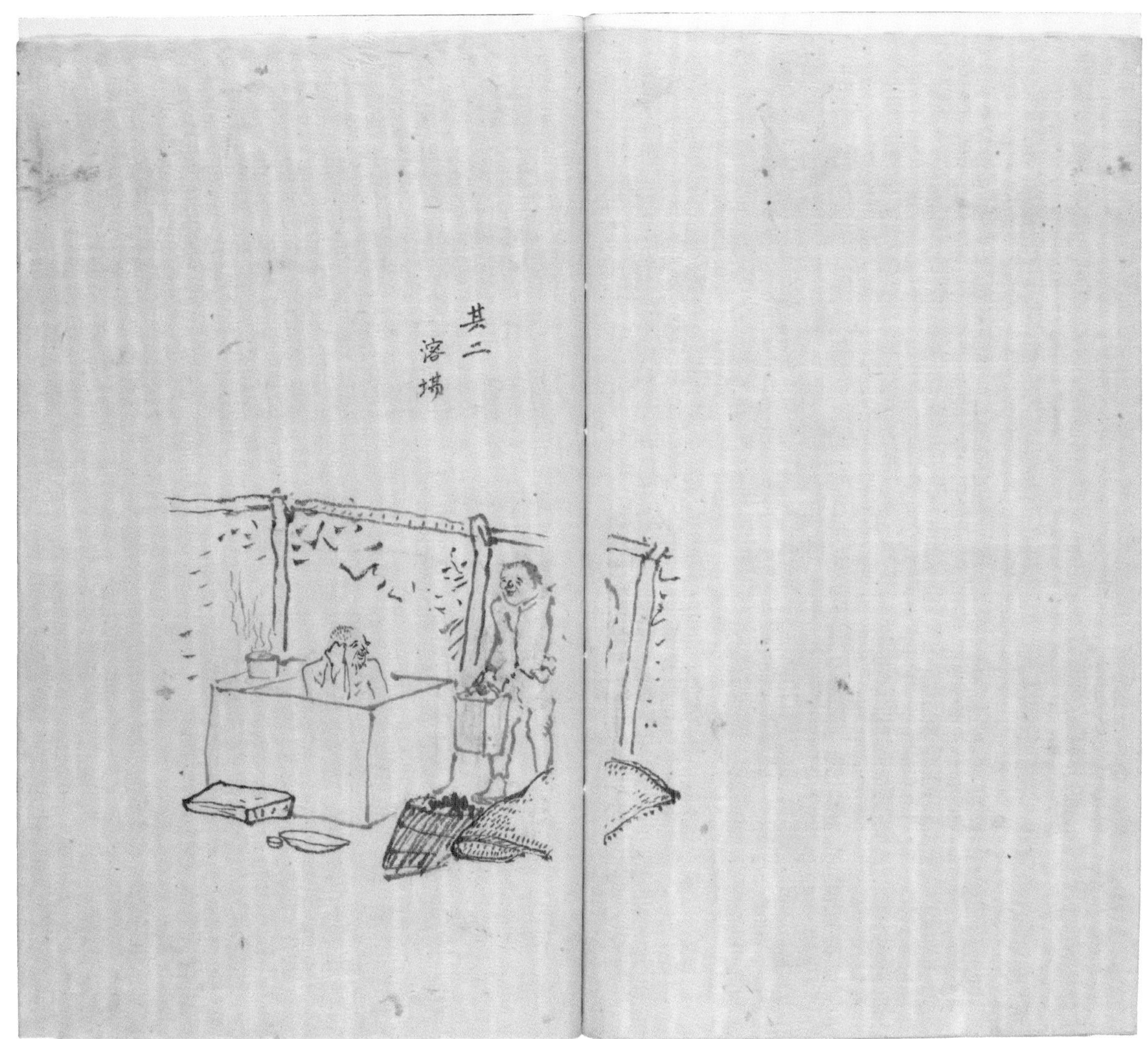
其二
溶場

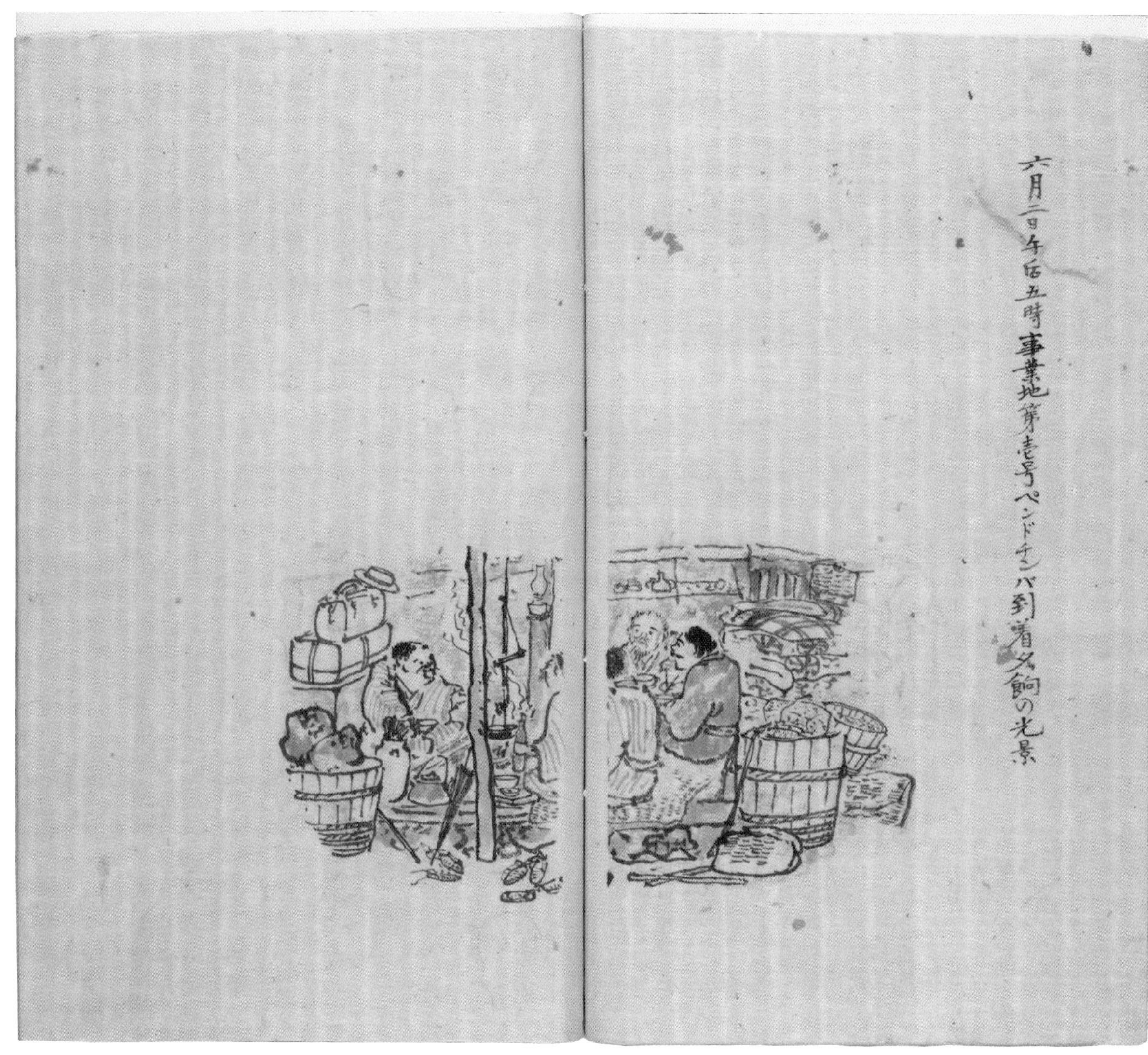
六月二日午后五時事業地第壱号ペンドチンバ到着夕飼の光景

其二
茸木小切韓人夫食事

六月三日晴
第壱号
椎茸培
養場
見分

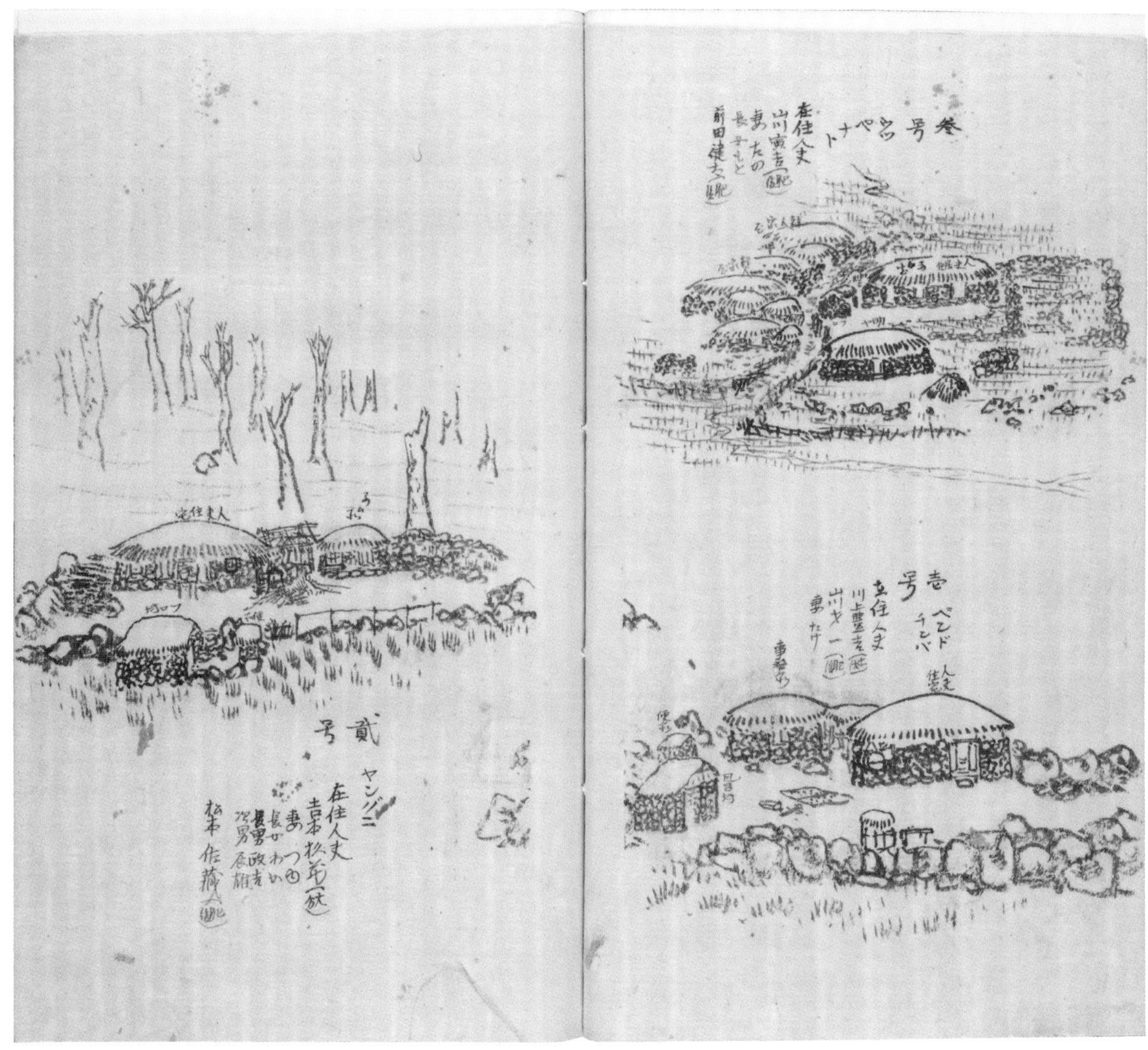
参号
在住人丈
壹号
在住人丈
貳号
ヤンゾニ
在住人丈

六月二日曇
城内發見
事業地ニ
向ふ

三姓穴

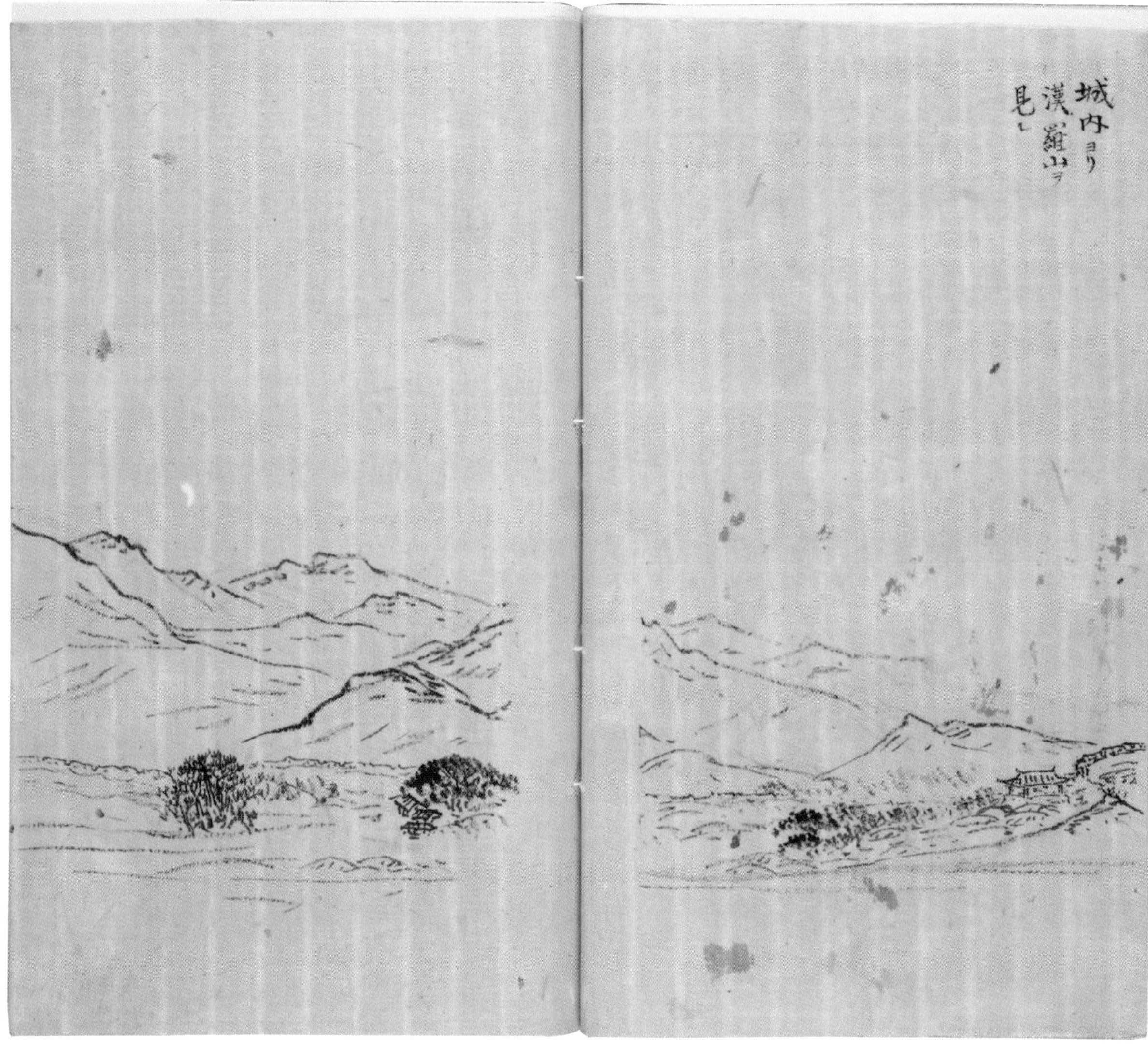
城内ヨリ漢羅山ヲ見ヒ

龍頭岩

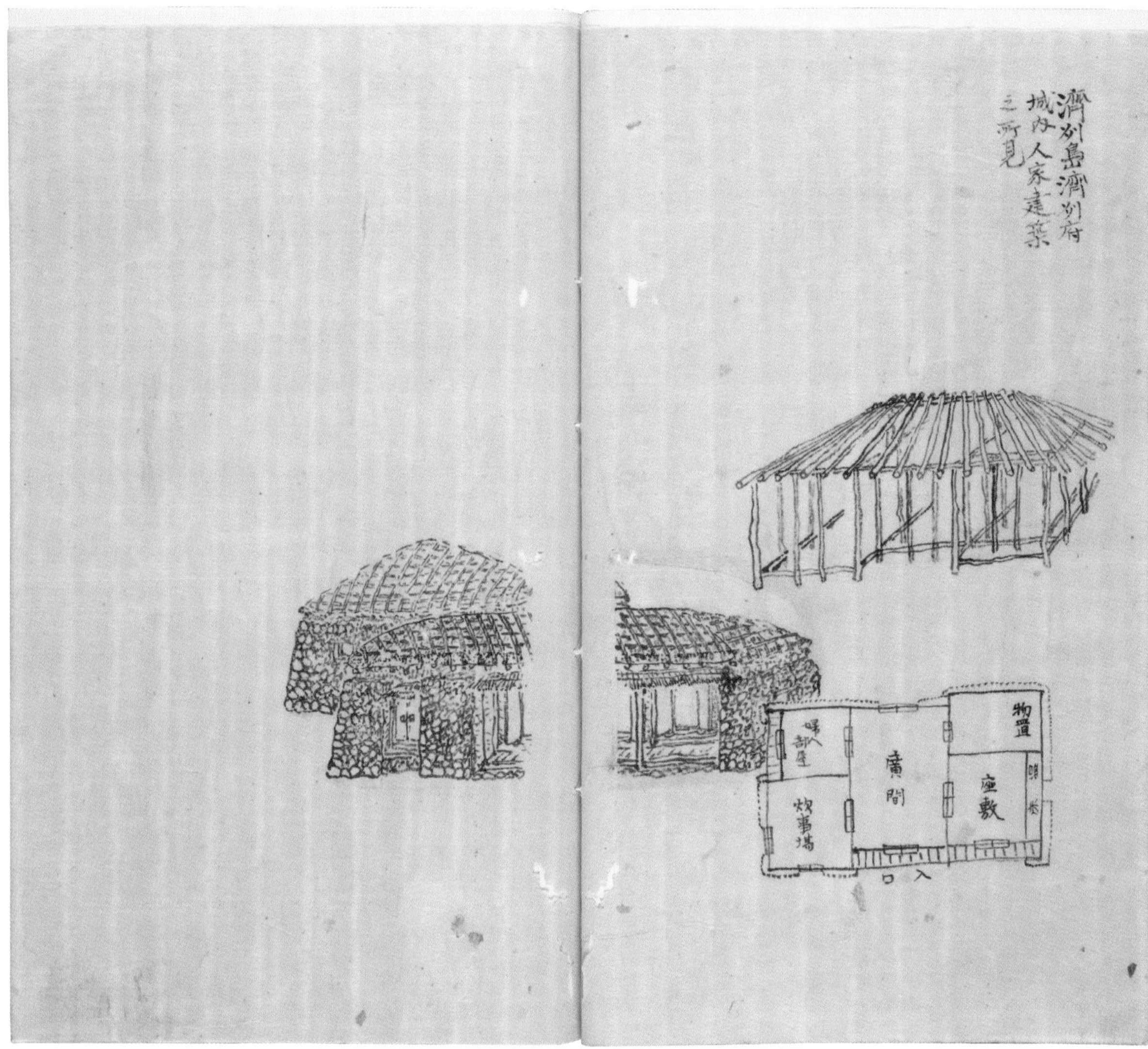
濟州島濟州府
城内人家建築
之所見
物置
婦人部屋
廣間
座敷
炊事場
入口

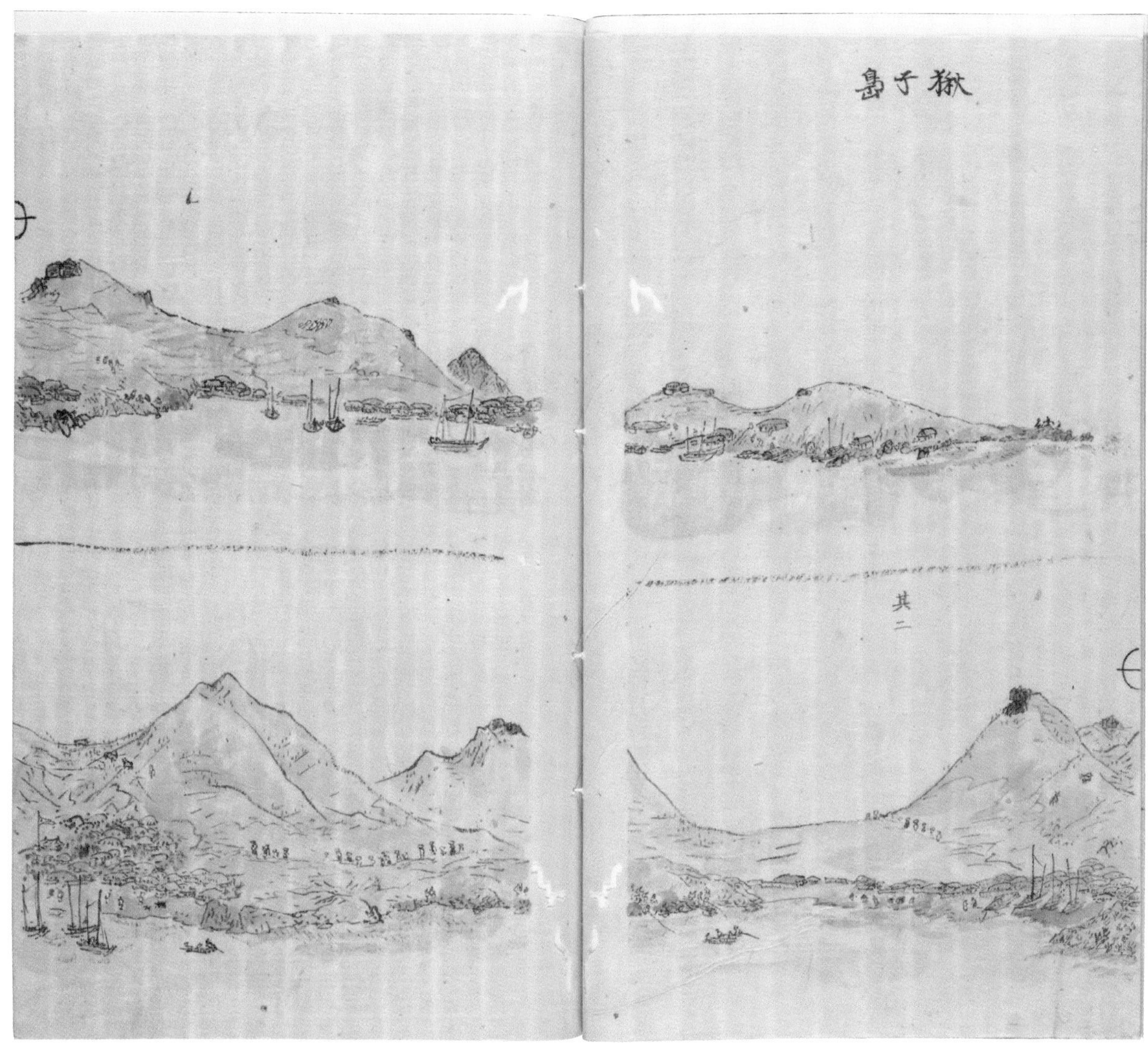
楸子島
其二

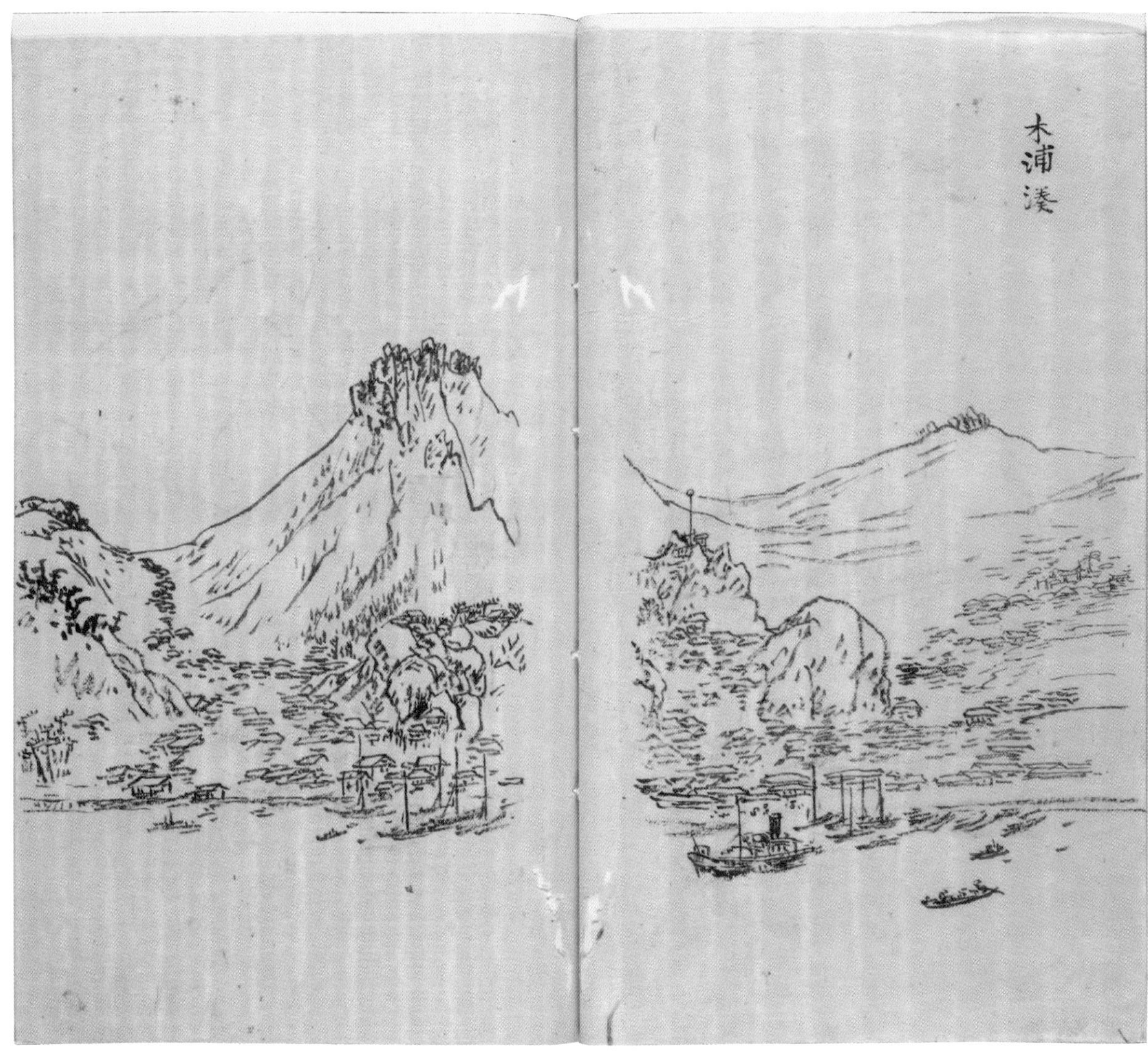
木浦港

木浦の雨中

木浦送
物賣

珍島

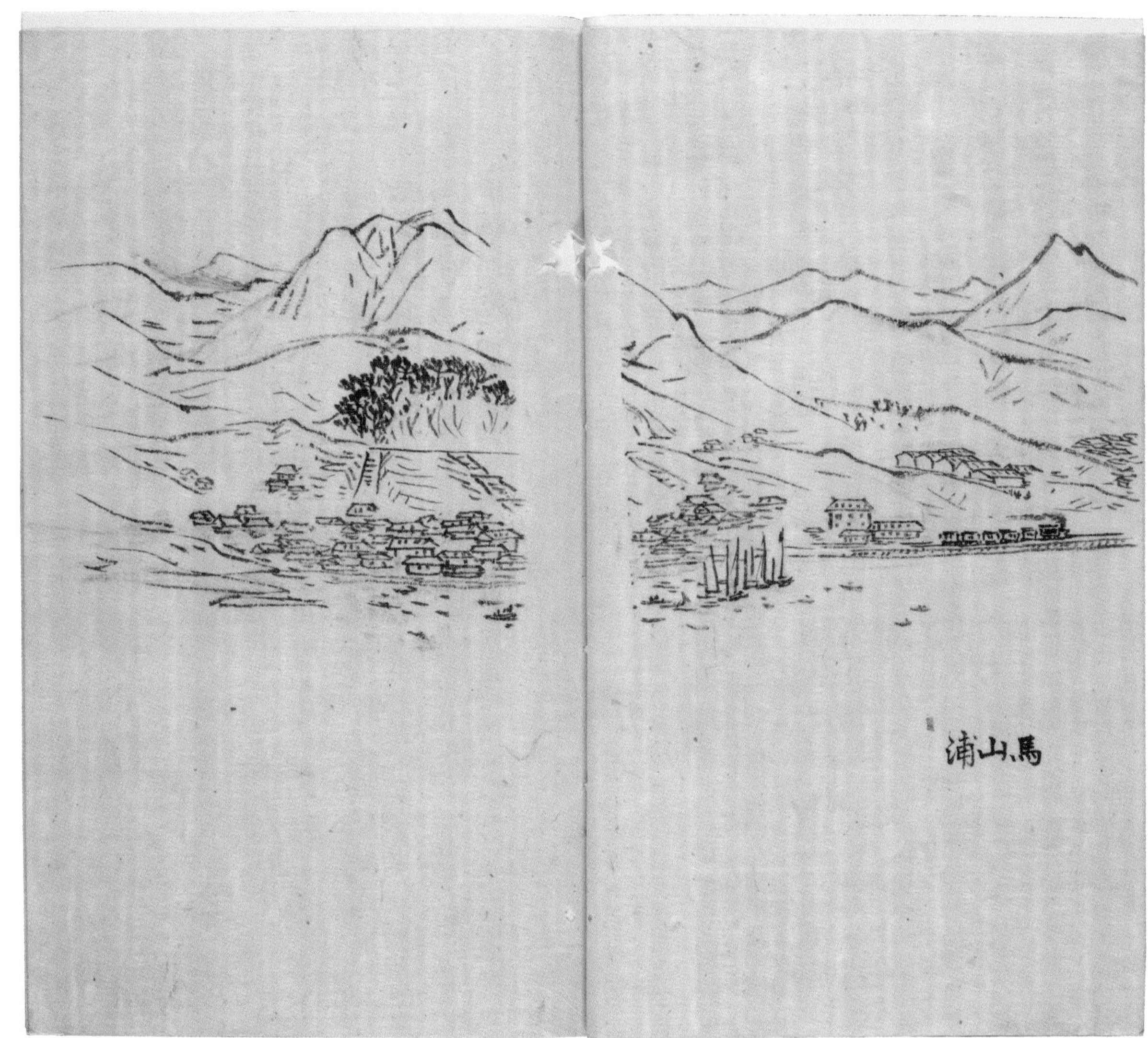
馬山浦

其二

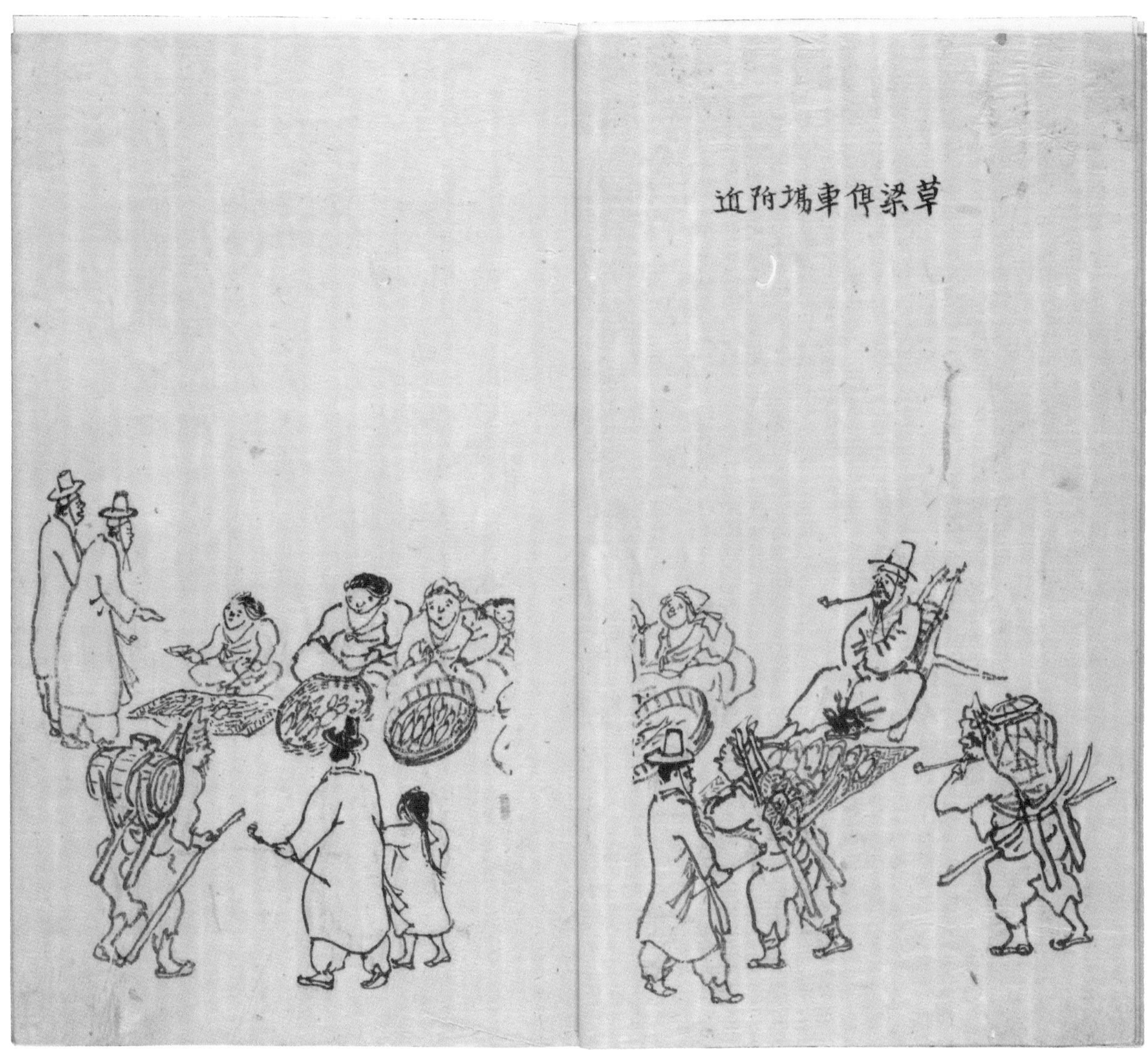
草梁停車場附近

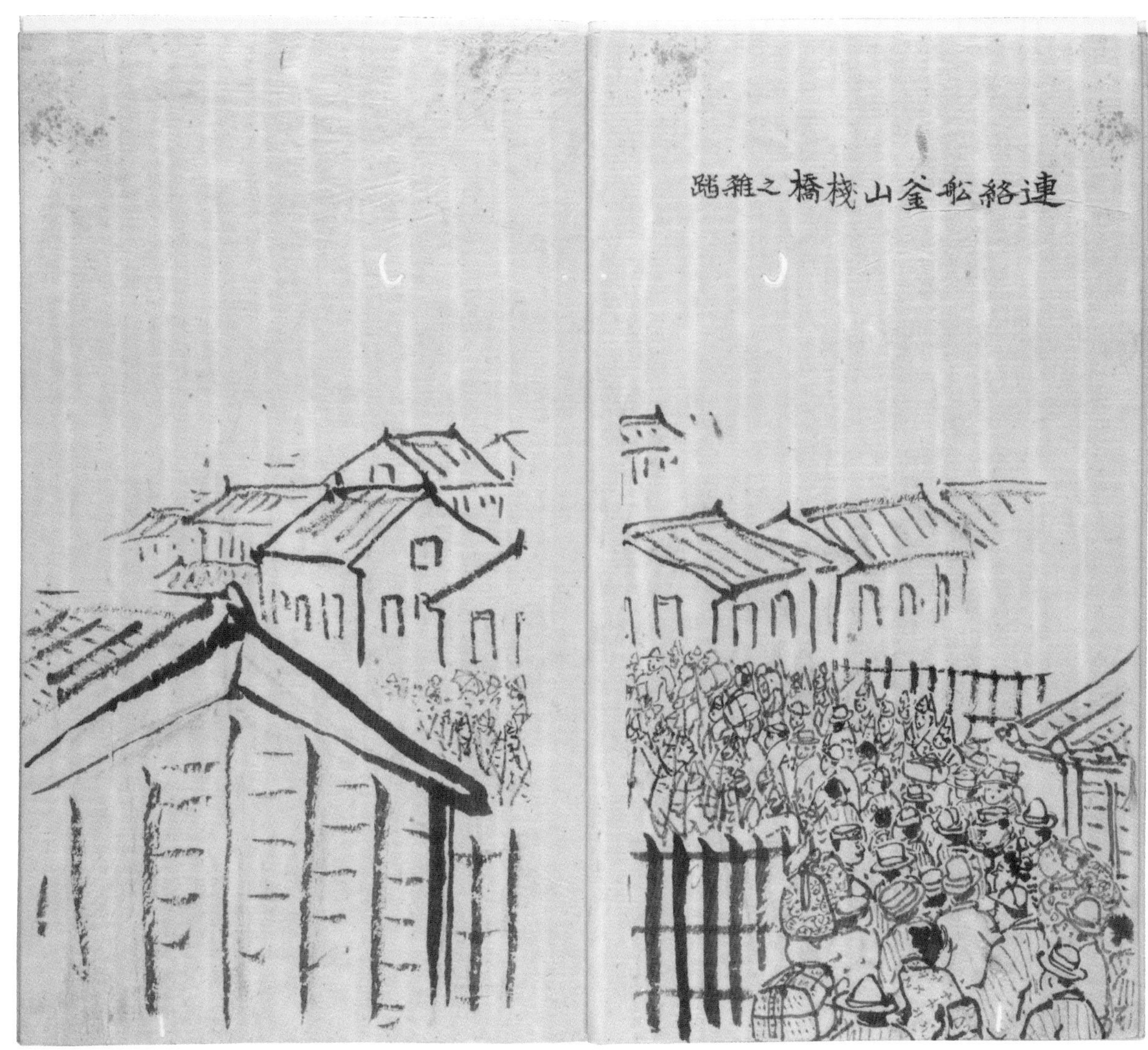
連絡船釜山棧橋之雜踏

連絡汽船
會下山丸
船中

十八日后九時
下の関停車場
釜山連絡船
乗場、茶店

紅葉谷岩怨
旅館食事

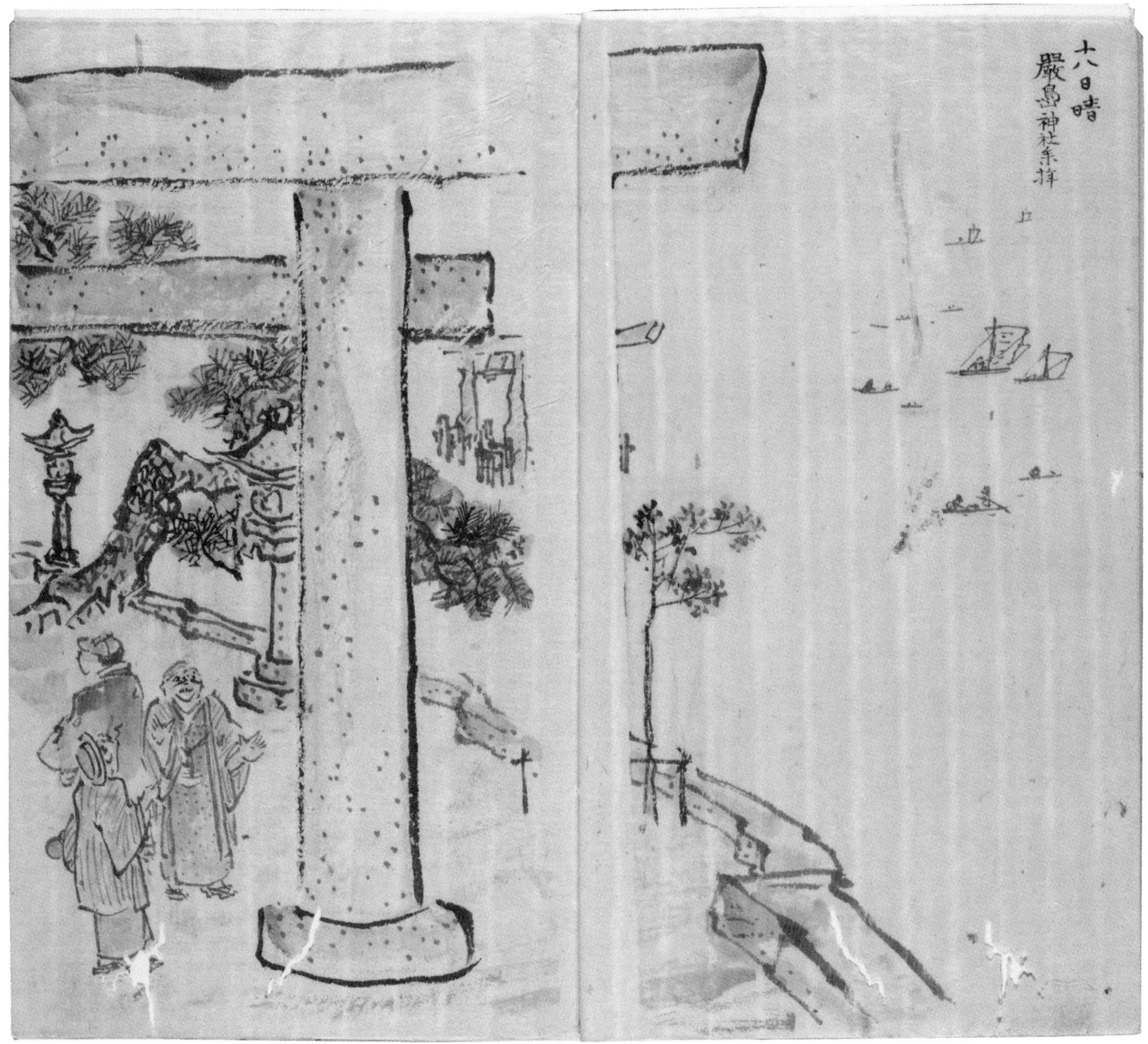
十八日晴
嚴島神社參拜

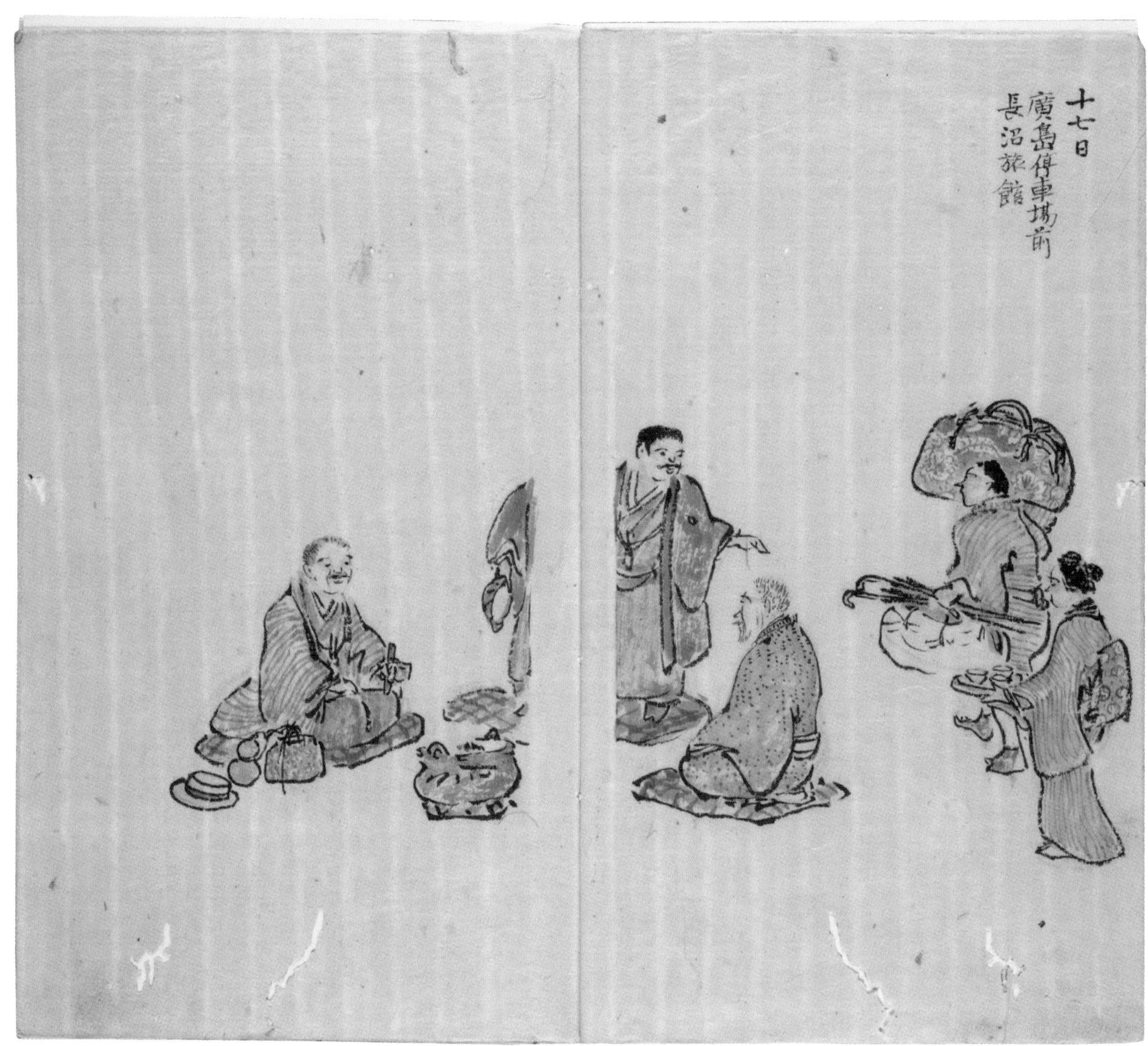
十七日
廣島停車場前
長沼旅館

五月十四日后十時
新橋出発

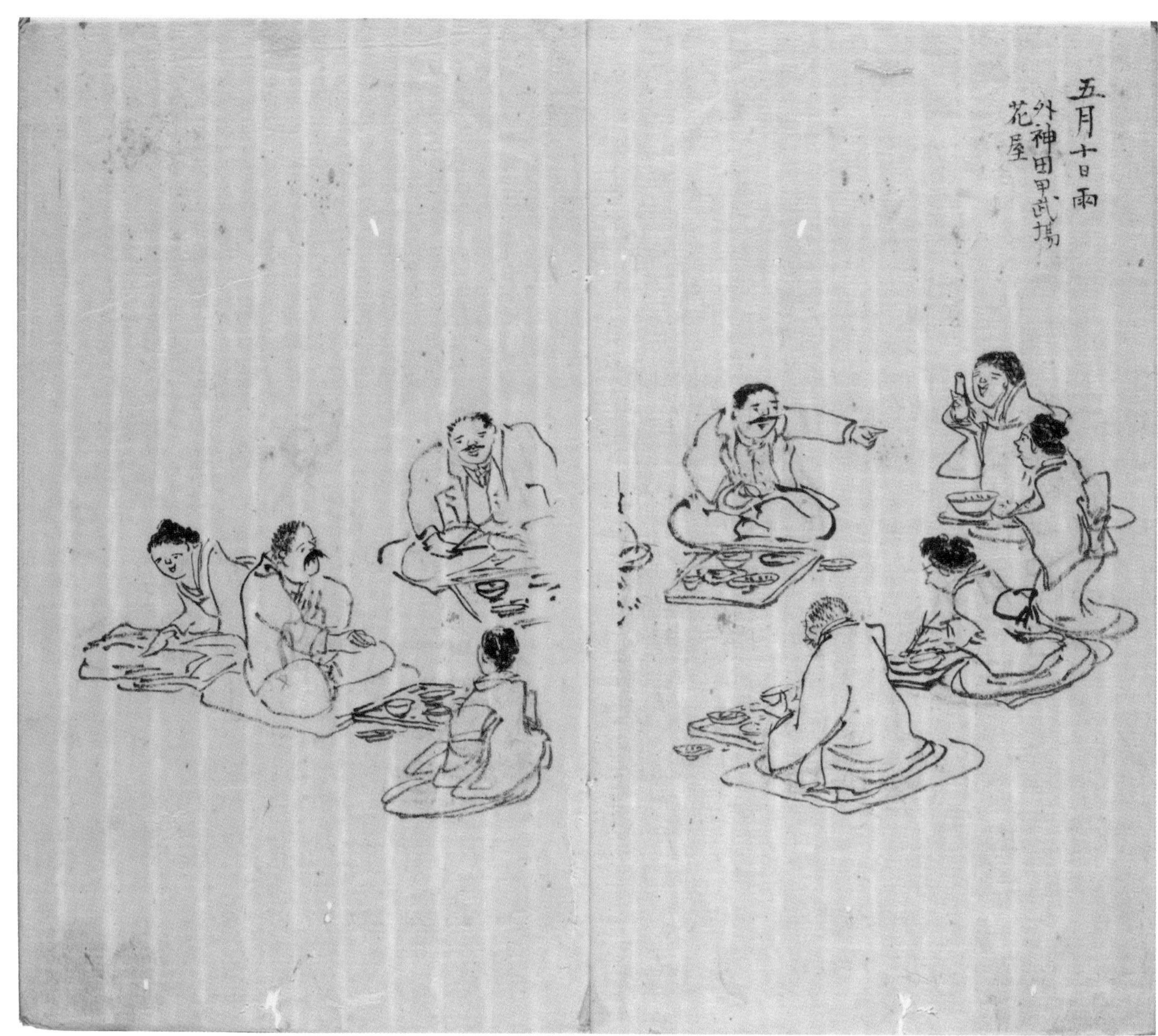
五月十日雨
外神田甲武場
花屋

韓國濟州嶋旅行日誌第壹卷

哈佛大學漢和圖書館珍藏印

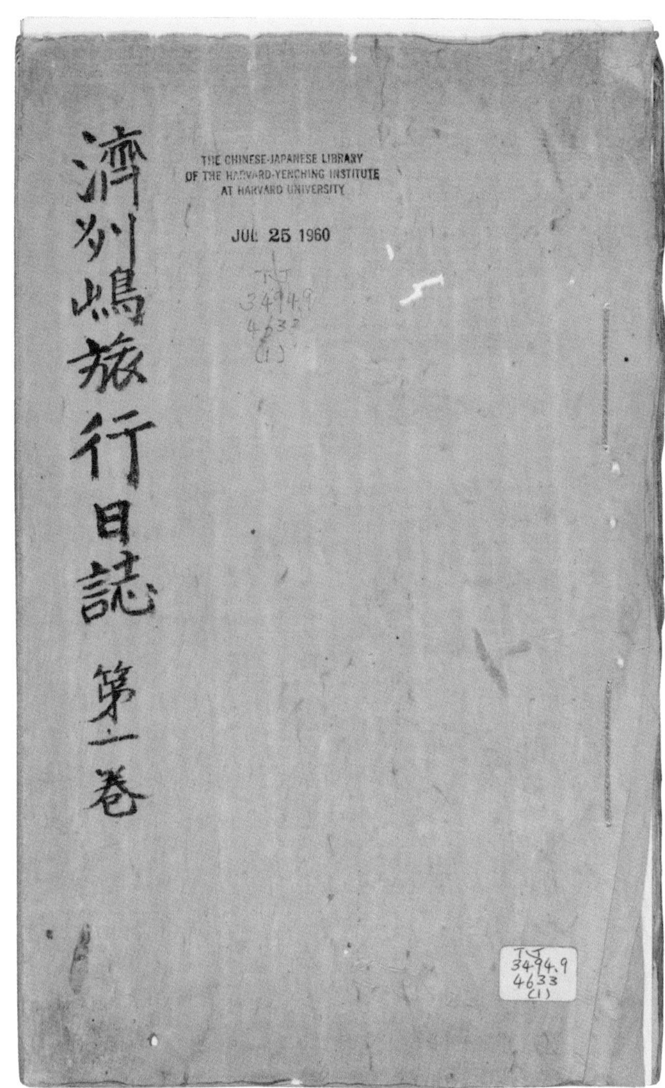
濟州嶋旅行日誌 第一卷
THE CHINESE-JAPANESE LIBRARY
OF THE HARVARD-YENCHING INSTITUTE
AT HARVARD UNIVERSITY
JUL 25 1960
TJ
3494.9
4633
(1)

哈佛燕京圖書館學術叢書12集

A photoprint

[影印]

濟州嶋旅行日誌